僕が夫に出会うまで

七崎良輔

Ryousuke Nanasaki

文藝春秋

装丁　番　洋樹

写真　平松市聖（カバー）
古川亮介（プロフィール）
前田賢吾【L‐CLIP】
（化粧扉、結婚式の写真）
佐川大輔（口絵の夫夫近影）

DTP製作　エヴリ・シンク

引用楽曲　「世界に一つだけの花」
作詞・作曲　槇原敬之
「アンパンマンのマーチ」
作詞　やなせたかし
作曲　三木たかし

装丁　番　洋樹
写真　平松市聖（カバー）
古川亮介（プロフィール）
前田賢吾【L-CLIP】
（化粧扉、結婚式の写真）
佐川大輔（口絵の夫夫近影）
DTP製作　エヴリ・シンク
引用楽曲　「世界に一つだけの花」
作詞・作曲　槇原敬之
「アンパンマンのマーチ」
作詞　やなせたかし
作曲　三木たかし

僕が夫に出会うまで

目次

はじめに

二〇一五年九月三十日。僕と亮介《りようすけ》君はカップルから家族になった。この日から、僕らは自分たちを夫夫（ふうふ）と呼んでいる。

亮介君と付き合い始めて丁度一年、出会ってからは三年以上経っていたこの日に、僕らは江戸川区役所に婚姻届を提出した。当時僕は二十七歳、亮介君は三十一歳だった。前の晩は、眠れなかった。僕らが男同士で婚姻届を提出すると、窓口の人はどんな反応をするだろうか。

もしかすると「ふざけるな！」と言って、突き返されてしまうかもしれない。そうなれば、僕らの真剣な思いを伝えなければならない。それだけならまだいい。窓口の人が、これは冗談だと、鼻で笑って、話を聞いてくれなかったら……。窓口には多くの男女のカップルがいて、みんなの笑いものになってしまったら……。そうなったら、僕はまだしも、亮介君は耐えられるだろうか。差別的なことを言われて、傷つけられてしまうことだって考えられる。そういう扱いは、今までも、さんざん経験してきた。その時のために、やり取りを録音しておいた方がいいかもしれない。いや、やっぱり、知り合いの弁護士に同席してもらうのが賢明なのかもしれない……。

そんな妄想が膨らみ、不安が次々に押し寄せ、眠気はどこかに行ってしまっていた。

僕の隣で、目をとじて、まるで眠っているように見える亮介君からは、いつもなら聞こえてくるはずの寝息が聞こえない。亮介君も同じ気持ちなのだろう。僕も目をとじることにしたが、頭の中は明日のことでいっぱいだった。結局その夜は、亮介君の寝息を聞くことはなかった。

次の日、僕たちはスーツ姿で、戸籍係の窓口に立っていた。婚姻届を提出する際に、わざわざスーツを着ていく人は少ないかもしれない。ただ、僕たちは、婚姻届を提出するその行為が、いたずらではないこと、真剣であることを、たかが服装であっても、きちんとした形で示した方がいいと思ったのだ。

窓口の人は、僕らが記入した婚姻届に指を這《は》わせ、その指は、僕らが記入した文字を追っていた。僕らの目も、その指を追った。指は、僕らの名前の文字を何度も、何度も往復していた。

「亮介さんと……、良輔《りょうすけ》さん……。お二人は、男性同士ですか？」

「そうです」

僕がすかさず答えた。昨夜僕は、いろんな想定をしていたのだ。こう言われたら、こう言おうと。かかってこい。録音だってしているんだ。偶然にも、僕も亮介君も、どちらも同じ「りょうすけ」という名前だから、余計にふざけていると思われるかもしれない。

「男性同士で、婚姻届の提出をお望みということで、よろしいでしょうか」

「そうです」

「少々お待ちいただけますか」

窓口の向こう側には机が並び、多くの人がそこで仕事をしているのが見える。窓口の人がその一人に声をかけ、僕らの婚姻届を見せると、その人がまた違う誰かを呼び、また人を呼び、一つの机に小さな人だかりができていくのを、僕らは見守っていた。この後何を言われるのか。もう覚悟はできている。

戻ってきたときには、窓口の人と、あと数名の職員がついてきていた。

「大変申し訳ありません」

それが、第一声だった。

「本来ならば、この場で処理ができるはずなのですが、いったんこちらで預からせていただいても、よろしいでしょうか。お二人揃《そろ》って来ていただいたのに、申し訳ありません」

罵倒されたとき、言い返すために、寝ずに考えていた言葉の数々が、必要なかったことに安《あん》堵《ど》した。

この日提出した婚姻届は、数日後に『男性同士を当事者とする本件婚姻届は、不適法であるから、受理することはできない』という紙を貼られて舞い戻ってきた。僕らはそれを受け取りに行ったのだが、窓口の方はとても残念そうにこう言ってくれた。

「申し訳ありませんが、今はまだ、この婚姻届を受理することはできないんです」

「今はまだ」という言葉に涙が出た。僕の中で「今はまだ」は、「いつかきっと」という希望を見出せる言葉となったからだ。

もちろん、婚姻届が不受理となることは、想定した上で提出をした。

この話をすると、「不受理になるのがわかっていたのに提出するなんて、役所にとってはいい迷惑だ」と役所の職員でもない人に言われたことがある。そうかもしれない。僕はただ、当たり前のことを当たり前にしたかったたし、認められないことを前提として、行動を制限されるのが嫌だったのだ。

そして、いつか日本でも、誰もが平等に婚姻する権利が認められた時には、この提出日に遡《さかのぼ》って婚姻が認められれば嬉しい。そんな想いもあり、提出させてもらったのだ。もちろん不受理になった婚姻届は今も大切に保管している。


その翌年、二〇一六年十月十日の体育の日に、僕と亮介君の結婚式が執り行われた。

僕らが会場に選んだ築地本願寺は、由緒正しい、大きなお寺さんだ。

この日は晴天。青空のなかで白い雲が気持ちよさそうに伸びていた。

新郎と新夫（しんぷ）の控室で、揃いの羽織袴に袖を通した僕の表情は、緊張と興奮でひきつっていたかもしれない。少なくとも、亮介君の顔には、緊張がはっきりと見て取れた。

会場には多くの家族や友人が駆けつけてくれていて、なかでも、両親に出席してもらえたことが、何よりも嬉しかった。そんな家族や友人と会話をすることで、緊張も和らいでいき、沢山の人々に支えられ今日という日を迎えられていることを実感することができたし、披露宴の結びのスピーチでは、身近な人たちだけでなく、僕らのような同性愛者などの、権利獲得のために闘ってきてくださった先人たちに感謝の意を表することもできて、素晴らしい一日となった。

婚姻届を提出し、結婚式を挙げることができたのは、亮介君と出会い、夫夫になれたからこそ、たどり着けたステージだ。

だが、そんな幸せな未来を、過去の自分が思い描くことができていたかというと、そうではない。むしろ、僕は長い間、自分は幸せになってはいけない人間なのだと信じて疑わなかった。前世か何かで大きな罪を犯したせいで、罰として、ゲイに生まれてしまったのだと思っていたものだから、この人生は罪滅ぼしのためのものなのだと自分自身に言い聞かせ、幸せになることを諦めていたのだ。もちろん、前世の記憶などないのだが。

そこで、僕が何を考え、何を感じて生きてきたのか、僕の物語を綴《つづ》っていきたいと思う。過去の恥ずかしい出来事も、ふつうであれば秘密にしておきたいようなことも、書いてみた。なぜなら、この道のりがあったからこそ、僕は夫に出会うことができたからだ。

第1章

ふつうじゃないってよ。このままじゃ、やばいってよ。

〝ふつう〟の男の子

周りがなんと言おうと、ぼくは「ふつうの男の子」だ。

ぼくは北海道で生まれ育った。当時住んでいた団地の前には、ちょっとした公園が併設されていて、近所の子どもたちが多く集まる。公園の中心には四人乗りのブランコがあって、それを限界まで漕ぐと「ガッタン」と音がするので、「ガッタン公園」と呼ばれていた。ぼくの得意な遊びは「ケッタ」といって、いわゆる「缶けり」の缶がないバージョンで、缶を蹴る代わりに「ケッタ!」と言って、外灯にタッチをする遊びだ。ケッタだったら一日中遊んでいられる。

冬になると、公園の遊具は大量の雪の下に埋もれる。それはそれで、雪を掘って遊んだり、自転車小屋の屋根から雪山にダイブをしたりして遊ぶ。北海道で生まれたぼくにとって、大きな雪山は、季節限定の遊具だった。ぼくは、みんなと同じように、よく外で遊ぶ「ふつうの男の子」だと、信じて疑いもしなかった。

ただ、スポーツとなると話が別だ。

ぼくの父と母は、どちらもスポーツマンで、父はオリンピック競技の実業団に入っていたし、その協会で理事をしていた。母も学生時代まで同じスポーツをしていて、バリバリの選手だった。二人とも負けん気が強かったのだろうと思う。五十歳をとっくに過ぎた今でも、熱量の多い人たちだ。

そんな父と母は、ぼくが生まれる前から「最初の子は絶対男の子がいい！」そして、「息子はスポーツ選手にしよう！」と決めていたようだ。

ぼくが小学校に通い出すと、父は、仕事の休みの日にも早起きをして、ぼくをキャッチボールに誘った。だけどぼくは、父とのキャッチボールが大嫌いだった。だって、グローブをはめると指にささくれができるし、なんだか手が臭くなる。だから、ぼくはいつも、父から逃げるようにして休日を過ごさなくてはいけなかった。それでもつい、父に捕まってしまうと、ぼくを見つけた父は嬉しそうに「良輔、キャッチボールするぞ！」と声をかけるのだった。

ぼくがその誘いを、どうにか断ろうとしていると、母は少し寂しそうな顔をして、ぼくに言う。

「お願い、良輔。お父さんは、息子とキャッチボールをするのを、良輔が生まれる前から楽しみにしていたんだよ」

そう言われて断れるはずがなかった。ぼくは、うなだれながら、グローブを手にはめた。いつだか父が買ってきた、真新しいグローブだった。

イヤイヤやっていて、うまくなるはずがない。両親はそれを悟ると、次はサッカー、次は水泳、それでもだめなら少林寺拳法と、あらゆるスポーツをやらせてみたが、ぼくは両親の期待を裏切り続けた。父と母が「この子は本当に自分たちの息子だろうか」と、ぼくの前で首をかしげるものだから、いたたまれない気持ちになった。

ちょうど、その頃になると、小学校では、周囲の子から「オカマ」と呼ばれるようになっていた。自分で意識はしていないのだけど、ぼくの仕草、例えば、走るときの腕の振り方や、座る時の脚の角度が、どうやら女の子っぽいらしく、男なのに女っぽいから「オカマ」なのだそうだ。

「オカマ」と呼ばれることは、もちろん嬉しいことではなかったが、自然にしているだけで、女の子っぽくなってしまうのだから、そう呼ばれてしまうのは仕方のないことだと思い、諦めていた。

けれども両親や学校の先生をはじめ、周りの大人たちが、ぼくが「オカマ」と呼ばれていることを、とても気にして騒ぐものだから、その度に心苦しく、惨めな気持ちになっていった。ぼく自身は、なんて呼ばれようと構わないのだが、それが大人たちに知られることが、次第に恐怖となっていった。

そんな学校生活を送っていた、小学二年のある日、「ぼくは〝ふつう〟ではないのだ」ということを強烈に思い知らされる出来事が起こった。それは「帰りの会」と呼ばれる、帰る前のホームルームの時間に、担任の先生の一言から始まった。

「七崎《ななさき》くん、ちょっと前に出てきてくれるかな？」

担任は、年配の女性で、いつも笑顔の優しい先生だったが、この時の先生に笑顔はなかった。急のできごとに戸惑ったが、ぼくは言われるがまま、先生の横に並び、クラス全員の顔を見つめた。クラスのみんなも、不思議そうにぼくを見つめている。

そういえば、以前にも「帰りの会」で、みんなの前に立った子がいた。あの時は、先生が「○○君が転校することになりました」とか言って、その子はどこか遠い学校へと転校していった。だからぼくは、自分が転校することになったのだと、この時思ったが、先生はぼくの肩に手を置き、みんなに向かってこう言った。

「七崎くんって、『オカマ』かい？」

心臓がドキリとして、意識が遠くなっていく感じがした。教室は静まり返り、みんながぼくに無言の眼差しを向けていたが、ぼくは俯《うつむ》き、床を見つめて立っているだけで精一杯だ。先生はもう一度繰り返した。

「七崎くんって、『オカマ』なのかな？　先生は、七崎くんのことを『ふつうの男の子』だと思うんだけど、どうしてみんなは七崎くんを『オカマ』って呼ぶのかな？」

「先生、ぼくは気にしていませんから！」と笑顔で言って席に戻れば、何もなかったことになるだろうか。クラスは静まり返っている。ここで鼻をすすったらぼくが泣いていることをみんなに知られてしまう。ぼくは歯を食いしばり、もっと俯いたが、涙が頬をつたい、冷たいタイルの床に落ちていった。自分が哀れで、惨めで、情けない。ぼくのせいで先生や、クラスのみんなに迷惑をかけていると思った。声を押し殺して泣く音だけが教室に響いた。先生はぼくの背中をさすりながら言った。

「菊地さんはどう思う？　七崎くんは『オカマ』かい？」

菊地さんは少し考えて、こう答えた。

「私は七崎くんのこと、オカマじゃないと思います」

そう言うしかないだろうと思った。それにつられ、誰かが言った。

「ぼくも、七崎くんは『ふつうの男の子』だと思います」

それから、クラスみんなでガヤガヤと議論された結果、ぼくは「オカマ」ではなく「ふつうの男の子」だという結論に至ったようだが、ぼくには到底、そうは思えなかった。ぼくがふつうの男の子であれば、ふつうの男の子であるかどうかなんて、わざわざ議論されるわけがないのだから……。

ふつうにしているぼくは変なんだ。ぼくは「オカマ」なんだ。だからこれからは、なるべく気をつけて「ふつうの男の子」のように行動しなければならない。そう思った。

先生は最後に、こうまとめた。

「これからは、七崎くんを『オカマ』って呼ぶのはやめましょうね」

自分が許せなかった。惨めで、悔しくて、消えてしまいたいと思った。しかし先生はいつもの笑顔でぼくに言った。

「もう、大丈夫だからね！」

セーラームーンとサンタクロース

それからのぼくは、全くもって、「大丈夫」ではなかった。先生のおかげで、自分は「ふつう」ではない人間なのだと、気づかされてしまったからには、どうすればふつうの男の子っぽくできるかを、四六時中考えていなければならなかった。歩く時も、座る時も、喋《しゃべ》る時も、常に周りの目を気にして「ふつうの男の子」を装った。ただ、好きなアニメや、興味のあるものだけは、変えることが、どうしてもできなかった。

ぼくが大好きな『美少女戦士セーラームーン』というアニメは、三つ下の妹、しぃちゃんがいたのでなんとか一緒に観ることができた。だけど、女の子の観るアニメだから、ぼくは、セーラームーンが大好きなことを誰にも話さなかった。ぼくが一人でセーラームーンを観ていると、父や母が少し悲しそうな目をするのを知っていたからだ。

だけど、ぼくにはどうしても、なんとしてでも、欲しいものがあった。それは、セーラームーンが敵を攻撃するときに振りまわす、スティックのおもちゃだ。

そんなものを欲しいと言ったら何を言われるか、どう思われてしまうのか、と考えると恐ろしく、その想いは、小さな胸にしまい込んでいた。

しかしぼくには、セーラームーンのおもちゃを手に入れるための、とっておきの秘策があったのだ！


もうすぐクリスマス。クリスマスにはサンタクロースという親切なおじいさんがやって来て、ぼくが一番欲しいものをプレゼントしてくれる。年に一回のチャンスに、ぼくは全エネルギーをかけていた。

十二月に入ると、ぼくの家にも、小さなクリスマスツリーが飾られた。ぼくは毎朝、目を覚ますと、クリスマスツリーの前に正座をして、手を合わせ、祈りを捧げた。

「セーラームーンのおもちゃが欲しいです、セーラームーンのおもちゃをください、サンタさん、お願いします！」

もちろん言葉にはせず、心の中で、強く念じた。この念が、クリスマスツリーを通じて、サンタクロースへ届くと信じていた。


そのころ、母は焦っていたようだ。何日にもわたりぼくに質問をした。「サンタさんに、何をお願いしたの？」とか、「何が欲しいか、お母さんからサンタさんに伝えてあげるよ」と。

それでもぼくは絶対に言わなかった。女の子の物を欲しがって、母を悲しませたくなかったからだ。

「自分でちゃんと伝えてるから大丈夫！」

ぼくは、なるべくやんわりと、母の申し出を断ったが、それでも母は引き下がらない。

「どんなことに使うものなの？　テレビをつかって遊ぶもの？」

ぼくは首を振った。

「動くもの？」

ぼくは少し考えて、また首を振った。

「それを使うと、どうなるの？」

「魔法みたいなことがおこるよ」

ついポロッと出た言葉だった。シマッタ！　と思い、これ以上何も答えないでおこうと思った。母は「どんな魔法？　飛ぶもの？　走るもの？」と聞いてきたが、ぼくはこれ以上何も話さなかった。


クリスマス当日、目を覚ますと、枕元には、緑色の包装紙に包まれたプレゼントの箱が置いてあった。ぼくは飛び起きて、その箱を大事に抱え、クリスマスツリーの前に急いだ。いつものように正座をして、合掌。

「ありがとうございます、サンタさん！　本当に、ありがとうございます！」

起きてきた母が、プレゼントを開けてみたらと言ったが、ぼくは首を横に振った。プレゼントを開けるにはまだ早い。母が見ている前で開けてしまうと、ぼくがサンタさんにセーラームーンのおもちゃをお願いしたのが、バレてしまうと思ったからだ。

「好きにしなさい」と言って、母が朝ごはんを作るために台所へと向いたとき、ぼくは急いで食卓の下にもぐりこみ、大人の目の届かないそこで、丁寧に包装紙を開いた。

包装紙に包まれていたものは、トランシーバーセットの箱だった。ぼくは感激した。ぼくが、父や母に「内緒」でセーラームーンのおもちゃを欲しがっていることを、サンタクロースはわかっていたに違いない。セーラームーンの箱があればバレてしまうから、あえて箱を変えてくれたのだ。なんて物分かりのいいおじいさんなのかと思ったのだ。だが、その箱の中から出てきたのは、紛れもなく「トランシーバーのセット」だった。

目を疑った。声も出ず、動けなかった。思考回路はショート寸前。心の中で、何か大切なものが、音を立てて崩れていくのを、傍観するしかなかった。

ぼくは、トランシーバーを手に取り、それを見つめた。そして思った、なんとも男らしいプレゼントだと。徐々に思考回路が復旧するにつれ、サンタクロースの事情というものを悟ったぼくは、心の中で崩れたばかりの何かを、きっぱりと捨てさることにした。そして、トランシーバーを握りしめ、母の元へと歩き出した。できる限りの笑顔で——。

「よかったね！　けど、サンタさん、間違えてなかった？」

気まずそうな笑顔を見せた母に、ぼくは全身全霊の笑顔で言った。

「ちょっと間違えていたけど、こうゆうのが欲しかったんだ。ありがとう！」

母は、少しホッとしたように「お母さんじゃなくて、お礼はサンタさんに言いなさい」と言った。「あ、そうか」と思い、僕はおもむろにクリスマスツリーの前に正座した。なるべく、いつものようにさりげなく。そして、クリスマスツリーに手を合わせてみたが、なんだか、ばかばかしかった。

その時ちょうど、三つ下の妹が起きてきた。妹は起きて早速プレゼントを開けたみたいだ。妹の手に握られていたのは、サンタクロースから届いたばかりの、セーラームーンのおもちゃだ。ぼくが、まさに、欲しかったそれが、妹に届いていたのだ。

それを、妹に貸してもらえることはなかった。ぼくにとって一生忘れられないクリスマスとなったのは言うまでもない。

そのまま大人になったら大変だよ

小学四年生の時の担任の先生は「福士先生」という若い男の先生で、いつもわざとらしくヘラヘラとしていて、よく冗談を言って、みんなの笑いを取るのが上手な先生だった。

母はぼくに「福士先生でよかったね！　福士先生ってお母さんたちの間でも、すごく人気があるみたいだよ」と言った。ぼくも、福士先生でよかったと思っていた。あの日までは……。

ある日、ぼくが一人で廊下を歩いていると、三年生くらいの、調子のいい年下の男の子がぼくを指差して、叫んだ。

「うわー！　『オカマ』だ！　感染《うつ》るぞ、逃げろー！」

彼は「わー」と叫びながら廊下を走っていった。廊下の先には階段がある。ぼくは「そのまま階段から落ちればいいのに……」と思いながら、彼の後姿を見ていたが、この一部始終を、福士先生は見ていたのだ。

福士先生の視線に気づいたぼくはゾッとした。面倒なことにならないようにと祈る思いだった。

福士先生と目が合うと、先生は薄気味悪くニコッと笑って、手招きをした。

誰もいない教室だった。座るようにと言われ、適当な席に座ると、先生は、向かい側から、ぼくを見下ろすように、机に腰をかけてこう言った。

「七崎くんはさ、『オカマ』って言われて、悔しくないの？」

ここでぼくが「悔しい」とか、「悲しい」と言うと、さっきの子が叱られちゃうんじゃないかと思った。だからぼくは考えた。あの子を叱ってもらうべきか否か。正直あの子は迷惑だ。叱られるのはかわいそうだけど、ぼくが気にしてやることではない。

「悔しいです……」

これであの子は叱られるはずだ。そしたらいちいち廊下で「オカマ」って叫ばれることもなくなるだろうと思ったが、福士先生が考えていることは、そうではなさそうだった。

「じゃあ、なんで『オカマ』って言われるのか、自分で考えたこと、ある？」

話がどこへ向かっているのか、うっすらと先が見えたような気がして、ぼくは恐る恐る答えた。

「……ない……です」

考えたことがないだなんて嘘だけど、そう言うしかないと思った。怒られるかもしれないと思い、福士先生の顔を見上げると、福士先生はまだニコニコしている。とても不気味に感じた。福士先生はこう続けた。

「七崎くんが、ぶりっ子してるから、じゃないかな？」

ぼくは怖くて下を向いた。言葉を発することもできなかった。

「ぶりっ子してるから、先生から見ても、七崎くんは『オカマ』に見えるよ。だから先生も、さっきの子の気持ちがわかるもん。そのまま大人になっちゃったら大変だよ。そのまま大人になっちゃったら、すごく困ると思うよ」

恐怖と苦痛しか感じなかった。ぼくのことを心配してくれているようで、全否定されていることは、小学四年生でも十分理解できた。さっきの子を叱ってもらおうと思っていた、自分がバカだった。ぼくはぶりっ子をしていないし、納得がいかなかったが、この先生に理解してもらうのは難しいことを悟った。

「簡単なことなんだよ？　ぶりっ子しなきゃいいだけなんだからね」

ぼくは頷《うなず》いた。早くここから出たい。

「最初は大変かもしれないけど、少しずつ、ぶりっ子しないように頑張ろうよ!」

ぼくはさっきよりも大きく頷いた。福士先生と同じ空間にいることが、これ以上耐えられそうになかった。

相談できる大人は誰もいない。きっと、この先生のように「ぶりっ子をやめろ」と言われておしまいなのだ。誰もわかってくれないし、もう誰も信じられないと思った。

福士先生とのこの出来事は、誰にも言わなかった。母は福士先生をいい先生だと信じて喜んでいたし、クラスのみんなも福士先生の冗談をよく笑っていたから、それでよかった。でもぼくは、この出来事から一切、教室では笑わなかったし、福士先生と目も合わさなかった。福士先生を軽蔑することで、心の中の悲しみを、せき止めようとしていた。

第2章

初恋は、枕もパンツも濡らすものだ。

出会いは突然、生徒会室で

僕は中学生になった。中学生活が始まると何もかもが男女でキッチリ分けられるようになり、男子も女子もお互いを「異性」として意識するようになっていた。小学校時代に女友達しかいなかった僕にとって、なんだか居心地が悪かったが、僕なりに男子と馴染《なじ》もうと努力もした。ただ、男子と会話をしていると、どこか少し、緊張してしまう自分にも気がついた。今まで男子と関わってこなかったのが原因なのかもしれないが、もしかするとみんなが言うように、やっぱり僕はどこか変なのかもしれないと、自分でも感じるようになっていた。それが原因かはわからないが、クラスに友達と呼べる男子ができず、廊下やトイレでいきなり殴られたり、顔にツバを掛けられたりすることもあった。

そのまま一年が過ぎ、二年生になると、生徒会会計長に立候補をした。せっかく学校に来ているのだから、何か自分にできることをやろうと考えたのだ。それが僕にとって救いになり、そして生徒会室での初恋が始まることになる。

生徒会は僕に居場所を与えてくれた。放課後、生徒会室へ行けば安全で、男女関係なく、同じ目的を持つメンバーが集まる。なんの面白みもなく、むしろ苦痛でしかなかった中学生活も、居場所が一つできたことによって、楽しみを見出せるようになっていった。

そんな二年のある日、副会長に連れられて、生徒会室へやって来たのが司《つかさ》だった。司は副会長と同じクラスに転校してきたばかりの噂《うわさ》の男子で、どうやら副会長と仲良くなったようだ。見た目は、背は低いがテニス部だったせいか色黒で、まつ毛が長く、目はパッチリしているが眼先が鋭い。性格はヒョウキンなやつで、よく喋る、楽しい人のように思った。

司は放課後、よく生徒会室に顔を出してくれるようになっていた。誰でもウェルカムな生徒会室は、特に仕事があるわけでもなく、司を交えて学校の閉門時間ギリギリまでお喋りをしたり、先生から隠れてお菓子を食べたりして遊んでいた。

閉門後、帰り道は、司と二人きりになることが多かった。気がついたのだが、みんなでいる時の司と、二人きりになった時の司にはギャップがあった。学校ではチャラケている司が、僕と二人きりになると、急にまじめな顔を見せたりするのだ。

僕にしか見せない顔が嬉しくて、僕も司には何でも話せるようになっていった。クラスに友達がいないことや、それがどうでもいいことも司には話すことができた。

司も、転校してきたばかりで、みんなに嫌われないようにチャラケたりしてきたけれど、本当は少し疲れていることなどを話してくれた。初めて信頼のできる、心を開ける男友達ができたと思えて、嬉しかった。

ある日の帰り道、まじめな顔つきで司が言った。

「どうしてみんなにオカマって言われてるの？　七崎は女の人になりたいの？」

僕が「オカマ」と呼ばれてしまっていることを、転校生の司にはまだ知られたくなかったし、「オカマ」という言葉に一瞬、ギョッとしたものの、僕をまっすぐ見つめる司の瞳は、他の生徒のように僕をからかうものではなく、大人たちのように僕を哀れむものでもなかった。ただ、僕の中の隠しておきたい部分まで、覗《のぞ》き込まれてしまっているような、司のまっすぐな眼差しがとても痛かった。

「違うよ。女の人になりたくないよ。男でよかったって、思ってる」

「それじゃあ、七崎は、俺とおなじ、普通の男ってことだよね？」

「うん……そうだと思うんだけど、オカマって言われちゃうんだよね……」

「喋り方じゃないかな。だって七崎、すぐ『きゃーー』とか言うじゃん？　そういうので『オカマ』って言われちゃうのかもしれないね」

司は僕を気にかけてこんな話をしてくれたのだと思った。司の優しさが嬉しかった。

「男でよかったって思っている」というのも嘘ではなかった。少し前までは「女に生まれていれば、友達もできたし、そのほうがよかったのに」と思っていたが、「僕が男だから、こうして司と仲良くなれたんだ」と、このとき感じていたからだ。

思春期男子と「脇毛」の関係

「脇毛なんて、まだ生えてないよ！」

放課後の生徒会室に僕の声が響いた。僕と司の二人きりで、なぜか「毛」の話になっていた。

「え！　七崎、まだ脇毛生えてないの？　もう中二なのに！」

脇毛が生えていないことを驚かれたことに、驚いてしまった。みんな、いつの間に脇毛なんて生えたのだろうと考えていると、「まじかよ！　ちょっと待って」と言いながら、司は自分のワイシャツのボタンを外し始めた。白いワイシャツから露《あらわ》になった司の上半身は、健康的に焼けた肌と、うっすら付いた筋肉が「男性らしさ」を感じさせた。

「ほら」と、恥ずかしがる様子もなく、司は脇毛を僕に見せつけている。見ていいものなのか、僕の方が恥ずかしく感じたが、ここで僕が照れるのはおかしい。できるだけ堂々と見るように心がけなくてはいけない。目の前には司のきれいな肉体と、きれいに生え揃った司の脇毛。

それを見たとき、僕の中で、カミナリに打たれたかのような、抑えがたい猛烈な欲求が、体中を駆け巡り、戦慄《せんりつ》を覚えた。

司の肉体をもっと間近で見たい、色黒でキメ細やかな肌に触ってみたい。正直にいうと、司の脇に顔を挟まれたいとまで思った。こんな感覚は生まれて初めてだ。心臓の音が、二人きりの生徒会室中に響いてしまってはいないかと心配になった。そして、司の肉体美を目の前にして僕は、この後、どう行動していいのかが、わからなくなってしまったのだ。

「落ち着け……。『普通の男子』ならば、こんな状況で、どう行動するだろうか……」

考えた結果、僕は急いで自分のワイシャツのボタンを外した。これが正しい行動なのかはわからない。ただ、僕の直感が「お前も脱いどけ！」と言った気がした。

「ほら」

僕はワイシャツを広げ、司に脇を見せた。他人に自分の脇を見せるのは初めてだが、今は恥ずかしがっている場合ではない。

「ほんとだ、すげー！　七崎、チン毛は、生えてるんだよね？」

司の言葉が、すごく恥ずかしくて、照れくさくて、司の目を見ることができなかった。チン毛も見せろと言われたらどうするべきかを考えると、もじもじしてしまった。

「少しだけね」

「そうなの？　これから七崎の脇毛も生えてくるのかな？　それか、七崎はやっぱり半分女性なのかもしれないね！」

司は納得したようにそう言った。

「これから生えてきたらいいな、脇毛。司みたいに！　だってかっこいいもん！　司の脇毛、すごくかっこいい！」

自分に脇毛が欲しいというのは嘘だったが、司の脇毛に魅了されたのは事実だった。まだ心臓の鼓動が激しいせいか、僕は司の脇毛を褒め称え続けた。

司が言った「七崎は半分女性なのかもしれない」という言葉は、普段、オカマだとからかわれ、辛い思いをしてきた僕でも、嫌な言葉には感じなかった。それどころか、僕に希望を与えた言葉となった。なぜなら、僕が半分だけでも女性ならば、司が僕を、半分異性として好きになってくれる。そんな可能性があるということだと感じたからだ。こんな僕にでも、いつも優しく接してくれている司ならば、司と恋人同士になるのも夢ではないはず。そうなれば、司の優しくまっすぐな眼差しや、色黒のキメ細やかな肌や、美しい脇毛までも、僕は、手に入れることができる。願ってもない幸せだ。

司に抱きしめられるとどんな気持ちになるだろう。司と手を繋《つな》いだら、どんな気持ちになるだろう。司に好きと言われたら、どんな気持ちになるだろう。幸せな妄想が膨らんでいく……。

その一方で恐怖も感じた。そもそも僕は男なのだから、司を好きになるのは、いけないことなのではないだろうか。「半分女性」と言われても、もう半分は男性なのだから、司の恋愛対象にはならないのではないか。僕のこの気持ちが、もし司にバレてしまったら、友達ですらいられなくなるのではないか。嫌われてしまうくらいなら、ただの友達として、司の近くにいつづけられる方がいいに決まっている。

もし僕が本当に女だったら、司は僕を異性として好きになってくれていたはずだ。なぜ僕は男に生まれたのだろう。「男でよかった」なんて間違いだった。

でも、男同士だから仲良くなれた面もある。男同士だからこそ、脇を見せ合ったりすることができたんだ。恋人になるよりも、友達でいたほうが、仲は変わらない。一生友達でいられるんだ。僕は何度も自分にそう言い聞かせた。ただ、こんなふうに、自分に言い聞かせるほど、司への想いは膨れる一方だった。

僕の心の中で、司と出会えた幸せと、手に入れることのできない苦しみがせめぎ合った。

僕の初恋は脇毛から始まったのだ。

恋の動悸

司が転校して来てくれたことで、僕の学校生活は一気に有意義なものとなっていた。クラスは違うが、この校舎のどこかに司がいると思うだけで、心が躍りだす。今まで学校生活が苦痛だったはずなのに。

それに、僕と司の関係はそれだけではなかった。司が、僕が通う塾に入会したのだ。同じ校舎で学び、一緒に塾へ通う。こんな幸せがあるだろうか。そして、僕がもっとも幸せを感じていたのは、塾が終わった後の時間だ。

0才のぼく。
おばあちゃんちにて。

1987年、北海道に生まれる。幼稚園の頃まではプクプクしていた。あまり手もかからず、わがままや駄々をこねることのない子どもで、キレイな石をよく集めていた。

りすぐみだったんだな。
なかよしこども園!!
むちむちしてる。

盆おどり!!
このころの団地には
子どもがたくさんいました。

この頃も今も服には無頓着で、親が買ってきたものをそのまま着ていた。外で遊んでばかりで、家の前にある公園のジャングルジムのてっぺんから、あたりを見渡しているのが好きだった。

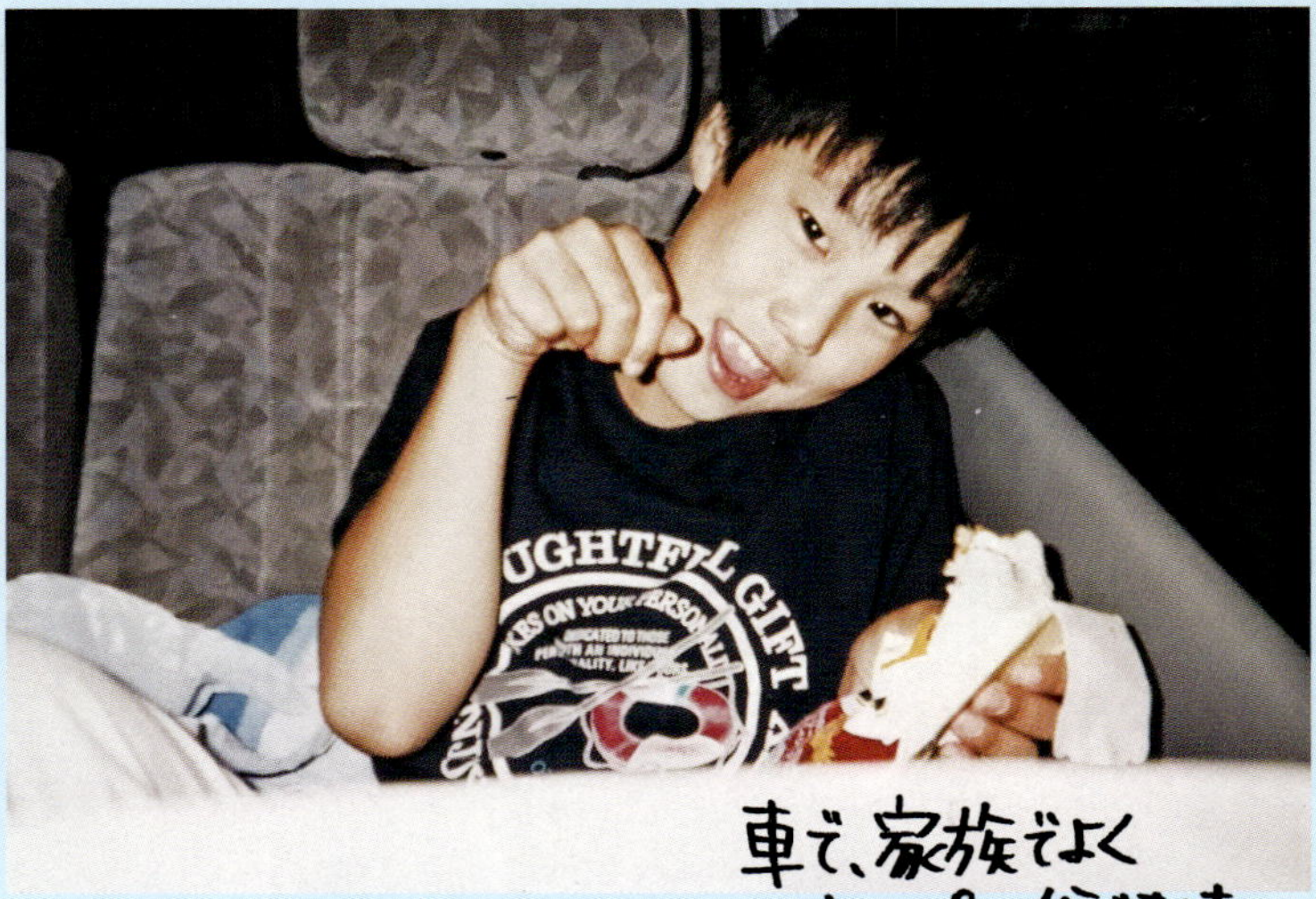

車で、家族でよく
キャンプに行きました。

司と二人、暗くなった公園で、遅くまでおしゃべりをしたり、こそこそと隠れて缶酎ハイを飲んでみたりするのが、なんだか二人だけの秘め事のような気分がして嬉しかったのだ。僕の心臓の鼓動が早いのは、大人に隠れて缶酎ハイを飲んでいるからではなく、司と一緒にいるからだということを僕は知っている。大人がいう青春とはこのことなのだと思っていた。

ちょうどその頃、僕も司も携帯電話を持つことになり、離れていても、いつでも連絡ができるようになった。初めて持つ携帯は司とお揃いで、当時、動く絵文字や、写メールが人気だった、Ｊ－ＰＨＯＮＥの折りたたみ式携帯電話だ。その携帯は、折りたたんだままでも、光の色で、誰から着信やメールがきたのかが、すぐにわかるように設定することができる。例えば、家族からの連絡は赤、友達関係からの連絡は緑に光る、というような設定だ。

僕は一番好きな青色を、司だけの色に設定した。だから携帯が青く光るたびに、僕の心臓は嬉しい動悸《どうき》を引き起こすのだった。

ある夜、眠りに就こうとしていたとき、枕元で携帯が震え、青く光った。

司からメールが届いたのだ。僕は心を躍らせながら、受信箱を開いた。まぎれもなく、司からのメールを受信していた。

『七崎！　俺、彼女ができたぜ！』

夜には眩《まぶ》しすぎる携帯の液晶を、目を凝らして見つめた。暗闇の中、嬉しい動悸は、ただの動悸へと変わっていた。

「どうしよう……どうしよう……」と頭の中で繰り返す声。でも、何をどうしようなのだろうか。どうしようもないことが起きたのだから、どうしようもないのだ。そう自分に言い聞かすが、その一秒後にはまた「どうしよう……どうしよう……」と考えているのだ。

まずは落ち着こう。どうしよう……。なんで僕はこんなに苦しくなっているのだろうか……。大切な友達が離れていってしまうのではないかという心配と不安で、こんなに苦しいのかもしれない……。司を渡したくない……。彼女といる時より、僕といる方が楽しければ、彼女と別れて僕の所へ戻ってきてくれるのではないだろうか……そのためにはどうしよう……。友達として司のそばにいつづけよう……。そして彼女と別れるのを待てばいい……早く別れればいい……いや、早く別れさせてやる。

僕は、動く絵文字を沢山つけて、まるで、司の幸せは僕の幸せだと言わんばかりの返信メールを送信した。

『彼女、おめでとう!!　僕にも紹介してね。お幸せに!!』

呪われたデート

僕をどん底へと突き落とした例のあの彼女は、司と同じクラスの秀美《ひでみ》という女のようだ。司よりも背が小さく、謎めいた女に感じた。謎は人を美しく魅せるはずだが、秀美は決して美しくはない。僕は今まで秀美と話をしたこともなければ、仲良くしようと思ったことも一切なかったが、司の彼女ということだから、邪険にはできない。

突然現れた女に、司を盗まれたような気持ちにはなっていたが、僕はあくまでも司の友達として、二人を近くで見守ろう（見張ろう）と考えたのだ。それから僕らは、三人でよく遊ぶようになっていった。

三人で遊んでいて、「恋人同士のデートの邪魔になる」という、申し訳ない気持ちも多少は持ち合わせてはいたものの、それよりも「少しでも司と一緒にいたい」「秀美と二人きりにはさせたくない」という想いの方が遥かに勝っていた。

しかし、三人でどんなに楽しく遊んでいても、僕がどんなに二人を笑わせたとしても、司が秀美を好きな事実は変わらなかった。三人で一緒にいればいるほど、僕の心は「虚しさ」や「妬み」が混ざり合い、まるでヘドロのようになって、心の中をドロドロにしていった。

そんな中、司と秀美は、僕の目の届かないところで「二人だけでデートがしたい」という会話をどこかでしたようだ。僕はデートに誘われなくなり、一人になった。

司と秀美はその間に（司にとっては初めての）身体の関係をもったことを、僕は、生徒会副会長から聞かされた。二人がそんな関係にまで進展していたことも、それを司から直接話してもらえなかったことも、何もかもが僕の心に傷を与え、僕には耐えられそうになかった。

司と出会う前の生活に戻ろう、司との出会いはなかったことにしようと思った。

元々の、苦痛でしかなかった学校生活の方が、司を失った今の苦痛よりは、ましだったように思えたのだ。
それからしばらく、大人しく過ごした。心にへばりついたヘドロも少しずつ浄化が進んでいたそんなある日、司と秀美にカラオケに誘われた。きっと、一人でいる僕に気を使った司が、「七崎も誘ってあげていいか」と秀美に頼んでくれたのだと思う。そして、秀美のＯＫが出たのだ。悔しいけど、嬉しくもあり、自分を哀れにも感じたが、どんな形でも、司といられることは、やっぱり嬉しかった。

僕らは、三人でカラオケに行くことになったが、僕はあまり喋らなかった。二人が身体の関係をもったことと、まだその話を聞かされていないことが、どうしても気に食わなかったのだ。
僕の歌う番がきた。マイクを持ち歌詞を見た。

『ナンバーワンにならなくてもいい　もともと特別なオンリーワン……』

歌おうと口を開いた瞬間、今まで押し込めていた感情が一気に込み上げて、溢《あふ》れ出した。涙がこぼれた。なんとか頑張って、歌おうと思ったが、不可能だった。僕はカラオケのテーブルに突っ伏して泣きだしてしまった。
「司のナンバーワンになりたい!!」

もちろん声には出さなかった。僕の背中をさする司の掌《てのひら》が、温かくて、嬉しかったから、もうしばらく、僕は泣き続けることにした。

秀美が言った。

「なんで泣いてるの？」

僕がテーブルに突っ伏したまま、なにも答えなかったから、秀美が遠慮がちに続けた。

「なんかあったら、何でも話してね。私たちでよければ」

「お前のせいなんだよ‼」とは、やっぱり言えなかった。

濡れたパンツは嘘をつかない

僕は、カラオケ号泣事件後、二人から距離を置くようにしていた。三人でいると、自分がおかしくなってしまいそうだ。

僕と秀美が崖にぶら下がっている。崖から落ちたら死ぬ。

司はどっちか一人しか助けられない。

僕は司の友達として、「二人で幸せになれよ」とか言って、自ら落ちるべきなのかもしれないが、絶対嫌だ。足を使って、司の見えない所で、秀美を蹴り落としたい。

もし司が秀美を助けて、僕が崖から落ちることになっても、「幸せになれよ」なんて言わない。きっと僕は「二人とも、呪うからね」と言って落ちていくだろう。


日々、こんな妄想を膨らませていた、卒業間近のある日だった。

「七崎、今日ヒマ？　うちに遊びに来ない？」

司に声をかけられるのは久しぶりな気がした。

「ヒマだけど。秀美もいるの？」

僕は遠慮がちに聞いた。

「秀美は別の約束があって今日はだめなんだって」

秀美に断られたから僕を誘いにきたのは明白だが、嬉しい。

「そうなんだ。じゃあお邪魔する」


司の部屋に入るのも久しぶりだった。司の制服と同じ匂いがする部屋だ。司はブレザーを脱ぎ、ハンガーにかけた。司はいつもキチンとしている。本も、ＣＤも、本棚にキッチリ収まっている。僕は制服のまま、司のベッドに仰向《あおむ》けになって天井を眺めていた。するといきなり、司が僕にまたがり、覆いかぶさってきたのだ。

何が起こったのか、気がつくと、司の顔が目の前にあり、僕はベッドに押し倒されたような形になっていた。顔と顔の距離は十センチくらいだろうか。僕の視界いっぱいに映る司の顔は、今まで見たことのない表情で、じっと僕の目を覗き込んでいる。

司が見ている僕の目には、何が映ってしまっているだろう。全て見透かされているような気がして恐怖を感じたが、司と密着している心地よさも、同時に感じていた。心臓の鼓動がお互いに伝わって、僕の司への想いが、司の身体にも流れていくような感じがしていた。僕が目を瞑《つむ》れば司はキスをしてくるだろう、そんな雰囲気だ。このまま司と抱きしめあって、キスをして、ずっと司を好きだったと言ってしまえたら、どんなにいいだろうか……。でもその後はどうなるのだろう……。

もし、これが何かの冗談で、司は僕を好きじゃなくて、振られてしまったら、僕は男好きの変態だと、司にバレてしまうだけではないか。それが司から秀美に伝わって、いずれは学校中の噂になるだろう。七崎はやっぱりオカマで、男好きの変態で、司に告《こく》って振られた男なのだと。そうなれば僕は、生きていられる自信がない。

「気持ち悪いなぁ！」

僕は力いっぱい司を払いのけた。

「秀美がいなくて寂しいからって、僕を襲わないでよ」

冗談っぽく言ったつもりだったが、司は笑わなかった。少し気まずい空気のなか、僕は「トイレ貸して」と言ってトイレに入った。僕は胸に手を当てて、大きく息を吸い込んだ。トイレの空気を。

これでよかったのだと、自分に言い聞かせた。きっと、司も冗談で僕にまたがってきただけだ。それに、司を好きな気持ちは、何かの間違いなんだ。僕は男なんだから、男を好きになるのは絶対に変だし、今だけなんだ。だからこれでよかったんだ……。

呼吸が整い、ズボンを下ろすと、パンツの中の様子がおかしい。どうやら、司と至近距離で見つめ合ったことで、僕のパンツはグチョグチョになってしまったようだ。

パンツの濡《ぬ》れ具合が、どれだけ司のことを好きかを、伝えているようだった。

僕の〝彼女〟

実は僕も、中学時代に彼女を作ったことがある。それは自分への挑戦でもあったのかもしれない。なんせ自分をゲイだとは思ってもみなかったので、男は女と付き合うものだと無条件に信じ込んでいたし、僕に彼女ができれば、司と秀美と僕の三人デートで僕だけ虚しい想いをすることはなくなり、歴《れっき》とした「ダブルデート」として司と一緒にいられる時間が増えるという計算もあった。

だから「さくら」との付き合いも、僕にとっては「好きだから付き合う」という純情なものではなかった（もちろん人としては好きだったが）。

付き合うことになったのも、さくらの強い「推し」だったと記憶している。校内でも目立つ存在だったさくらはいつも元気いっぱい、破天荒。女子たちがどれだけスカートを短くして、ルーズソックスをゆるゆるにして履くかで躍起になる中、さくらだけはくるぶし丈の靴下を履いて、スカートをくるぶしまで長くして穿《は》き、まるでいつかの時代の「スケバン」のような姿で毎日廊下をガニ股で歩いているような女子だった。

彼女ができたといっても、僕の気持ちはさくらにはなく、司に一直線だ。さくらの唇や、髪や、肌なんかよりも、司の脇に顔を埋《うず》めたいと思っているのだから、さくらにとって僕は物足りない彼氏なのは当然だ。

手を繋ぐのも、僕のファーストキスもさくらから半ば強引にされたように思う。キスの時は二人ともお酒の力を借りた。

よく喧嘩になったのは「送る・送らない問題」だ。「彼氏と彼女」「男と女」にはそれぞれ役割があり、彼氏が彼女の家まで送っていくのが習わしのようだったが、僕はそれがどうしても許せなかったのだ。

「今日はさくらが僕を家まで送ってよ。僕、お腹すいちゃったから早く帰りたいの」とさくらに申し出た。さくらは、最初は承諾したものの、後から「やっぱりおかしいだろ！」と思ったのか、喧嘩になった。それから、なんだか不穏になり、二人の短い付き合いは終わった。

さくらとは一回キスをしただけで、その先は何もない。司とのダブルデートも叶《かな》わなかった。さくらとは中学卒業後、高校も別々で、それから疎遠になっていたが、実は何年か前に進展があった。

僕と、僕の旦那である亮介君が、ゲイの夫夫として新聞に取り上げられた記事を見て、人づてに連絡先を調べ、さくらからメールで連絡をしてきたのだ。

僕は正直、戸惑った。だって、さくらからしたら、昔、一瞬でも付き合った男が「ゲイ」だと恥ずかしげもなく公表し、新聞に載り、パートナーまでいる。

「あの時の私はなんだったの！」「私の過去の汚点だわ！」と責められても仕方がないと思ったのだ。

中学当時は、自分をゲイだとは気づいていなかったことを説明して、司とダブルデートをするために利用しようとしたことを、素直に謝らなくてはいけないと思った。

勇気を出して、メールに記載のあった番号に電話をかけると、さくらはすぐに出た。

さくらは電話先でソワソワしている様子だった。

「あのさ……、七崎の記事、新聞で見たよ」

先に切り出したのはさくらだった。

「うん、実はそうなんだよね……なんか申し訳ないと思ってて」

「あのさ……、実は、七崎に謝らなきゃいけないことがあるんだ。性同一性障害って知ってる？」

「うん、わかる」

「実は俺、それでさ。今はケンジって名前で生活してるんだ」

「ああ、そうだったんだ」

「実は、七崎と付き合う前に、女と付き合ってたんだ。だけどそのことが噂になって、その噂が広がっていくのが怖くて……。男と付き合えばカムフラージュになって、変な噂もなくなると思って俺……七崎のこと利用したんだ」

「ちょっと待って！　まじで？」

「本当ごめん！　ずっと謝りたくて……」

さくらからのカミングアウトと謝罪をうけて、僕は笑ってしまいそうになった。僕だって、さくらを利用していて、それを申し訳なく思っていたのだから。

「それが……お互いさまなんだよ。僕、あの頃、3組の司がずっと好きでさ。司は秀美と付き合ってたから、僕もさくらと付き合って、ダブルデートとして、司と一緒にいたいなって思って、さくらを利用してたの。こちらこそごめん」

「まじかよ！」

さくらは驚いていたが、笑っていたことに僕は少し安心した。

「でも俺、司とダブルデートした記憶がないな」

「司とのダブルデートは叶わなかったよ。だってウチらすぐ別れたでしょ？」

「まあな！」

「なんか、お互い苦労した青春時代だったんだね。お互い許しあうことにしようよ。それより、今は幸せにやってるの？」

「今はバツイチ子持ちの女性と付き合っていて、たいへんだけど頑張ってる」

「子どもがいると、毎日が明るいだろうね。羨ましいよ。周りはケンジのこと理解してくれてるの？」

「親とは疎遠になって、友達にもあまり言ってない。田舎はまだ理解が進んでないよ」

「理解を進めていかないとね」

「うん……それより、本当ごめんな……」

さくら改めケンジは終始、僕に謝り続けた。きっと当時のケンジは、色んな葛藤を抱えていただろうと思う。それに僕自身、ケンジに謝ってもらう資格なんかないのだ。

「あの頃、僕がもし、自分が何者なのかキチンと理解できてたら、ケンジのことにも気づいてあげられたのにな」

「俺もそう思う！　お互い、良い相談相手がめちゃめちゃ近くにいたってことだもんな！　俺、あの当時は、『なんとかなるべ～』って、そう、自分に言い聞かせて、なんとか生きてた」

「わかる気がする！　僕もそうだったかもしれない」

この本を執筆するにあたり、ケンジに改めて電話をした時、もう子どものいる彼女とは別れていた。でも、親が少しずつ理解を示してきてくれているという、嬉しい話もあった。

ケンジはまだ性別適合手術はしていないけど「手術をしない選択肢はないな！」と言ってい

た。手術のお金も貯まっているようなのだが、手術のための休みがもらえないのだそうだ。「女として採用したのだから……」と会社にも言われてしまったらしく、手術を受けるには仕事を辞めるしかないのだとケンジは言う。

僕からしてみれば、なんだかな……と思うのだけど、ケンジに言わせると仕方がないことらしく、自分を思って言ってくれたこと（その後の仕事や人間関係などを考慮してくれてのこと）だと受け取っているみたいだ。

トランスジェンダーのケンジと、ゲイの僕とでは立場も悩みも全然違う。でも、ケンジと同じような悩みをもつ多くの人に対して、今の日本の制度や、社会の環境は、優しくなさすぎると思う。

ケンジと僕が付き合っていた過去があり、それが実はトランスジェンダーとゲイだったというと、「奇跡の組み合わせ」のように思われるかもしれないが、そうではないのだと僕は思う。「当事者に会ったことがない」「身近にそんな人はいない」という人が多くいるが、それは間違いだからだ。人権先進国では、多くの人が「当事者が身近にいること」を知っている。カミングアウトをするかしないかは個人の選択で、正解はない。ただこの国に、カミングアウトを「したくてもできない」人が多いのは、日本の社会が不寛容すぎるからだと思う。

僕はケンジと会話をしながらこんなことを考えていた。

ケンジと僕で、タイムマシンに乗り、中学時代の自分たちに会いに行く。そして中学生のケンジと僕を思いっきり抱きしめて「大丈夫だから！」って言ってあげたい。

ただ、「未来は明るい」と言うには、もう少しだけ、社会は変わらなくてはならない……そんなことを考えていた。


僕にとって、中学時代の、いい想い出と言えば、「司への片想い」と「生徒会活動」しかない。中学の卒業アルバムも捨ててしまった。なぜなら、卒業アルバム用の個人写真の撮影日に、ある男子に前髪とモミアゲをハサミで無理やり切り落とされてしまったからだ。

最近、中学時代の同級生にその卒業アルバムを見せてもらった。アルバムに写る僕は、髪を切られ、ヘンテコな髪型にされていても、気丈にも、笑顔を見せていた。大人になってから自分で見ても、かなりのショックを受けてしまう写真だ。

先に記したように、当時は廊下で殴られ、息が止まるのも、何度も経験したし、トイレで胸ぐらを掴まれ、顔にツバを吐きかけられたこともある。殴られたり蹴られたりした痣《あざ》や、シャープペンを刺された痕は今でも消えていない。いつも不意に殴られていたものだから、二十五歳を過ぎる頃まで、背後に人が立つだけで、ギクリとしてしまうようになっていた。

当時の僕は、殴られた日は「今日は運が悪い日」と思うようにしていた。先生には「お前が男らしくしていないから、からかわれるんだ」と注意をうけていた。自分では普通にしているつもりでも、「オカマ」や「ぶりっ子」と言われてしまう自分が嫌いで、殴られたりすることよりも、自分を嫌いなことの方が辛かった。

今僕は、当時理解を示してもらえなかった先生や、僕を傷つけた人を恨んではいない。自分をイジメの被害者だとも思っていない。いや、正直に記せば、あの頃の自分が被害者だった、と思いたくないのだ。僕が「被害者」になると、おのずと「加害者」が生まれてしまう。当時の彼らを加害者として責め立てたい、という気持ちには、どうしてもなれない。もしも加害者がいるとすれば、それはきっと、〝社会の差別や偏見そのもの〟であって、彼らではない。

こんなふうに考えられるようになったのは、あれから十五年以上も時が経って、僕の頭の中でいろいろなことが整理されたからであって、イジメはもちろんあってはならないことだ。暴言で人の心を傷つけること、ましてや暴力なんてものは、この国の法律では許されてはいない。もし今イジメを受けている人、辛い想いをしている人がこの本を読んでいるのならば、勇気は必要だけど、とにかく一人で抱え込まないでほしい。信頼できると思った近くの人に、助けを求めてほしい。「どうせ僕が（私が）いけないんだ、だからいじめられてもしょうがないんだ」と卑下せず、それぞれが、自分に合った戦い方、生き方を見つけて、一歩踏み出してほしい。きっとできる。僕はみなさんの勇気を信じている。

大人たちにも言いたい。もちろん全ての大人ではない。イジメを「子ども同士の問題」と軽く扱い、もみ消したり放置したりする、そんなやり方や体質にはうんざりする。気丈に振る舞おうとする子どもたちの笑顔の裏にある悲しみや苦しみを、理解できないような大人ならば、そんな人間のアドバイスなどいらない。

僕は一番辛い時期に、大人たちに人間性を否定されるような言葉を投げつけられた。今、そのことを恨んではいない。でも、放たれた言葉は一生忘れることもない。

当時、相談できる人を見つけられなかった僕が思いついた、自分に合ったイジメとの戦い方は「呪術」だった。自分の手を汚さず、僕を殴る人間を、呪い殺してしまおうと本気で考えていたのだ。今思うと引いてしまうような話だが、当時の僕はそのために黒い本を読み漁《あさ》っていた。自分の手は汚れなかったが、心が汚れた。ただ、そうやって、必死に生きようとしていたのだと思う。


とにかく苦痛でしかなかった学校生活に、光をもたらしてくれたのは司だった。司のまっすぐな眼差し、そして脇毛に魅了され、恋に落ちてしまった。司に会うために、学校に通った。司がいれば何も怖くなかった。司が離れていってしまうこと以外は。

司に彼女ができたとき、僕は、大きなショックを二つ受けた。それは司に彼女ができたことに対するショックと、司に彼女ができたことにショックを受けている自分へのショックだ。自分が何者なのか、よくわからなくなってしまったのだ。

司と秀美が早く別れるようにと、願わない日はなかった。しかし、司と秀美は、僕の期待を裏切って、中学卒業後もしばらく関係が続いた。そして、僕と司はそれぞれ別の高校へと進学することになる。

第3章

恋するゲイ少年は、日々拷問を受けているようだ。

生活指導室

中学時代のブレザーの制服から、着慣れない学ランに身を包み、僕の高校生活はスタートした。

入学当初、自分の席に両手で頬杖《ほおづえ》を突いて座っていると、他のクラスの男子がわざわざ僕のクラスを覗きにきて、ボソボソと言った。

「あの人がオカマ?」

「そうだよ、だって座り方、かわいくね?」

自分の噂を聞きつけて、わざわざ見にきたのだとすぐにわかった。「かわいい」というフレーズを聞いて、会釈でもしておくべきかと迷ったが、気づかないふりをしておこうと思った。入学早々目立ってしまったが、そんな僕は、思いがけないことだったが、この高校で男女問わず、かけがえのない、たくさんの友達をつくることになる。

高校生活は本当に充実し、毎日が冒険のようで楽しかった。

北海道の高校なので、夏場は自転車で四十分かけて登校し、雪が積もるとバスでの登校になる。入学して数ヶ月がたったころ、突然、僕とアズは生活指導室に招かれた。

アズは身体も、声も、態度もでかい女子友達で、僕は毎朝、アズと二人で登校していた。閉鎖された生活指導室に招かれた僕とアズの前には、校内でも最もイカツい先生が座っていた。先生が口をひらく。

「お前ら、自分たちが何をして呼び出されたのかわかってんのだろうなぁ、え？　言ってみろ」

「え、わからないんですけど」

本当に心当たりがなかった。

「お前は！」

「わかんないっス」

アズにも心当たりがないようだった。先生は軽く舌打ちをして、こう続けた。

「おまえらがバスの中で騒いでるから、うるさいと！　バスの運転手さんから苦情がきてんだよ！　学校に！」

バスの中にはたくさんの生徒がいて、みんなおとなしくはない。なぜうるさいのは僕らだと断定できるのか。先生の勘で、一番目につく僕ら二人を呼び出したに違いないと思った。アズも同じことを考えたのだろう。

「なんでウチらだって決めつけんっスか！　バスには生徒がたくさん乗ってるのに！」

僕も頷いた。アズにそう言われ、先生のさっきまでの強気は消えかけたように感じた。なぜ僕らだと決めつけたのか、その理由を話したくないようだ。

「お前らしかいないんだ！」

「なんでっスか！　なんで決めつけるんスか！」

　このやり取りが何度か続き、さっきまで強気だった先生はなんだかモジモジしたような態度を見せて、少し申し訳なさそうに言った。

「バスの運転手さん曰《いわ》くだな……うるさいのは……デカくて、声もデカい女子生徒と、女のような男子生徒だそうだ。先生方の会議でみんなに確認したが、そんなペアは他にはいない！　だからお前らなんだ！」

　僕は、隣に座っているアズが何て言い返すのかが気になり、アズの横顔に視線を向けた。アズは口をパクパクさせていた。言い返す言葉がないのだろう。僕は笑いをこらえられず、吹き出してしまった。確かに、そんなペアは他にはいないと思ったからだ。アズはつられて笑いそうになりながら、僕が吹き出したことを責めた。

「七崎！　おまえ、なに笑ってんだよ！　いいのかよ、こんなこと言われて。ひでーだろうが！　先生、それはひでぇだろう！」

「先生だってこんなこと言いたくなかったんだよ。だからバスの中ではこれからおとなしくしてろ！　わかったら授業に戻れ！」

　先生も気まずかったに違いない。そそくさと、僕らを生活指導室から追い出した。

　僕はこの指導が嬉しかった。叱られたのに嬉しいとはどういうことだと思うかもしれない。でも考えてみてほしい。今まで、僕は、小学校でも中学校でも、僕が「女っぽいこと」に対して注意を受けてきた。「ぶりっ子をするな」「男らしくしなさい」「男の友達を作りなさい」「男らしく座りなさい」「走る時は腕を前に振りなさい」と。

しかし今回は「女のような男子生徒」とは言われてしまったものの、その事自体を咎《とが》められている訳ではない。「バスの中で声がでかい」と当たり前のことを注意されただけなのだ。それが嬉しかったのだ。

アズの穴

アズとは（ごくたまにだが）授業をサボる、サボり仲間となった。僕らには授業中、絶対に誰にも見つからない、とてもいい隠れ部屋があったのだ。それは、旧体育館の前の、男子トイレで、先生や生徒には滅多に使われないトイレだった。

絶対に見つかりはしない、絶好の隠れ場であったが、そのトイレには一つだけ大きな問題があった。真冬の北海道であまり使われていないようなトイレに暖房はなく、とても寒いのだ。ここに五十分もいたら凍死してしまう。僕はアズに提案をした。

「コンビニに行って、おでんでも買ってこようか！」

「おでん……いいね。いくべ！」

僕もアズも、これはいいアイデアだと思った。温かいおでんがあれば、凍《い》てつくトイレでも快適に過ごすことができる。しかし、よく考えてみると、玄関から出ると目立ってしまうし、玄関まで行く途中で先生に出くわす可能性もある。どうしたら誰にも会わずに学校から出られるかを考えなくてはいけなかった。

僕は目についた、トイレの窓を開けてみた。その窓は、体の大きなアズでもギリギリ出られるくらいの大きさはある。

窓は、地上よりも、かなり高い場所にあるから、夏場であれば飛び降りることのできない高さなのだが、幸い、雪山が窓の高さまであるので、その雪山の上を歩いて、地上まで降りられるようになっていたのだ。

まず僕が先に外へ出ることになった。僕は窓から雪山へ降り、雪山の上をゆっくりと下りて地上に着地をした。その間アズはそれを見届けた。

アズは窓の縁《へり》に立ち「今行くから待ってろよ」と僕に言った。そしてアズが窓から雪山に降りた瞬間「ズボボボ！」という音と共に、アズは一瞬にして僕の視界から消えてしまった。雪山に埋まってしまったのだ。

アズの姿は見えないが、雪山の中から聞こえるアズの声は冷静そのものだった。

「七崎、先生呼んでこ～い」

一体、何を言っているのだろうかと思った。授業をサボッている上に、トイレの窓から飛び降りたら、一人が雪山に埋まってしまった。だなんて先生に言えるはずがない。

「え、やだよ。何とか出てきてよ。お願い！」

何とか自力で出てきてくれることを心から祈った。しかし、雪山から聞こえるアズの声はまたもや冷静で、こう言った。

「七崎。出ようと思ったけど靴が脱げてよお、足がなまら冷《つ》めてぇんだよお。急いで先生呼んでこ〜い」

最悪だと思った。僕はとりあえず職員室まで走った。職員室に着くまでに上手《うま》い言い訳を考える余裕はなかった。

息を弾ませながら、職員室に入った。大半の先生は授業中だったために、いなかったが、授業のない先生がチラホラと席についていた。僕はそこにいる先生全員に聞こえるように叫んだ。

「だれか助けてください！　アズが、雪山に埋まってます！　僕は大丈夫だったんだけど、アズは雪山に埋まってしまいました！　まだ埋まったまんまで、靴が脱げて足が冷たいそうです！　アズを掘り起こしてあげてください！　お願いします！」

アズが雪山に埋まったと言った時、間違いなく、家庭科の女の先生がお茶を吹き出して笑ったのを僕は見ていたのだが、その先生はその後「あら、大変ね！」みたいな表情を必死に取り繕《つくろ》おうとしていた。数名の男の先生が立ち上がった。

僕はその先生らを引き連れて、アズが埋まっている雪山へと急いだ。アズが足を冷やして待っている。雪山に向かう途中、体育の先生が僕に言った。「お前らアホか！　停学になりたいのか！」僕は「ごめんなさい」と言って、後からあまり怒られなければいいなぁと思っていた。停学になりたい訳がなかった。アズが雪山に埋まらなければ、バレることのない完璧な計画だったはずなのだから。

先生数人がかりで雪山を掘り、アズは無事に救出された。雪山から出てきたアズは先生に「ありがとうございます」と、申し訳なさそうな笑顔を見せて言ったが、先生に笑顔はなかった。その後、生活指導室に招待されたのは言うまでもない。

「なんで、ちゃんと玄関から出なかったんだ！　窓から飛び降りるなんて、お前らはアホか！」

「玄関から出るなんて、先生に捕まえてくれと言っているようなものじゃないですか。その方がアホじゃないですか」

「だからって、上靴《うわぐつ》のまま外に出てもいいと思ったのか！」

問題はそこなのかと思った。いつもは口の悪いアズも「ごめんなさい」と素直に謝った。どうやら、雪山から掘り出されたことに、少し恩を感じているようだ。だが、この後、何を考えたのか、先生はアズに対して、驚くことを口にした。

「どうしてお前だけが埋まったんだ！」

驚きのあまり声が出なかった。「見りゃわかるだろうが！」なんて言えるはずがない。僕は下唇を嚙みしめた。

なんでそんなことを真顔で聞けるのか、教師って奴は、変わった生き物だ。アズだけが埋まった理由を、本当に気づいていないのだろうか。そうだとするとこの教師こそアホだ。

アズは明らかにムッとした顔をしたが「わかりません」と答えた。

僕らは停学にはならなかった。ありがたいことだが、アズは数日休んだ方がよかったかもしれない。なぜなら、上の階にある全教室の窓から下を覗くと、雪山に一箇所だけ、大きな穴が開いているのが見えたからだ。

「あのでかい穴、アズが落ちた穴らしいよ」という噂は三日間以上続き、ご丁寧に穴の名前までつけられた。

その噂の発信源が紛れもなく僕だったために、アズは僕に対して、しばらくイライラしていた。僕が職員室まで走らなければ、雪が解けるまで雪山で過ごすことになったかもしれないのに。

「アズの穴」は春がくるまで消えることはなかった。

ハセのお願い

高校入学から少し時が経ち、暑い季節がやってきた。同じクラスの男友達が僕に言った。

「1組の長谷川って奴が、七崎のアドレスを知りたいって言うんだけど、教えてあげていいかな？」

「いいけど、その人のことを知らないし話したこともないんだけど。なんでだろう？」

「なんか、お願いしたいことがあるって言ってた。内容はよくわからないや」

「そうなんだ、わかった、メール待ってると伝えて！」

その日の夜、早速メールが届いた。内容はこうだった。

「長谷川です。七崎にお願いがあります。俺、津田さんの事が好きなんだけど、七崎は津田さんと仲がいいから、仲を取り持ってもらえないかな」


僕は女友達が多かった。中でも津田っちは校内で指折りの美人で、身長も高くスタイルもいい、僕のクラスの女友達だ。めちゃくちゃ美人だが、男に媚《こ》びない性格のせいか、それとも美人すぎると男子はビビッて近寄れないのか、モテている印象はない。ハセからのお願いを受け、そんなの簡単じゃん！　と思った僕は快諾した。ハセは津田さんと二人きりでは緊張してしまうらしく、何人かで動物園へ行きたいようだ。僕は、次の日学校で津田っちを見つけると、「津田っちー！」とさっそく駆け寄った。


「ねぇ、津田っち、1組のハセって人が、津田っちのことが好きなんだって。だから円山《まるやま》動物園に行くことになったんだけどいい？」

「え〜、なにそれ、どんな人なの？　ウチ、その人のこと、何も知らないけど」

「そうだよ、だから動物園にみんなで行って、知り合いたいんじゃないの？」

「そういうもん？　まあ、ななぴぃも行くなら、別にいいけど」

ななぴぃとは僕のあだ名だ。動物園行きが決定した時、ハセがちょうど僕のクラスを覗きにきていた。この時が僕にとって、ハセとの初対面であった。

ハセは一重で、サッカー顔というか「サッカー選手にいるよね、こういうイケメン」って思えるような顔をしていて、とてもカッコいい人だと思った。この人と仲良くなりたいと心が叫んだ。僕は廊下に出てハセと挨拶をした。

「ハセ、初めまして。津田っちね、動物園行くって！　よかったね！」

「よかった！　七崎、本当にありがとう！　でも、どうやって言って、誘ってくれたの？」

ハセは声までカッコよかった。ハセの顔と声で、僕の心臓は、誰かに絞られているみたいにキュウ……となった。

「どうやってって、普通に。ハセが津田っちのことが好きだから動物園に行き……」

「え⁉　俺が津田さんのことを好きだって言っちゃったの⁉」

ハセが驚いていることに僕も驚いてしまった。

「言わないと始まらないじゃん。ダメだったの？」

「……いや、動物園来てくれるんならよかったけど……普通言わないだろ！　噂通り、七崎は変なやつだな。ある意味、すげえやつなのかもしれない！」

僕にはハセの言う「普通」がよくわからなかった。「普通じゃない」「すげー」と言われ、僕は照れた。

「ありがとう」

「七崎はどうしてすぐ女の人と仲良くなれるの？　俺は緊張して喋れなくなるんだけど……緊張しない秘訣とかあったりするのかな」

「慣れればいいんじゃない？　ちょっと待ってて、津田っち呼んできてあげる！」

僕が、ハセと二人で話をしていて、緊張していることは、彼も気づいていない。

「津田っち、この人がさっき話したハセだよ！」

「あぁ、なんか、すみません。はじめまして。津田です」

津田っちの態度は少しよそよそしかった。ハセもそれを感じとったのか、硬直していた。

「あの、はい。……動物園。よろしく、お願い、します」

ハセはやっぱり、うまく喋れないようだった。そんなハセがすごく可愛く思えた。教室に戻ると僕は津田っちに言った。

「ハセってカッコよくない？」

「えー、私のタイプじゃなかった〜。だって、あの人の喋り方こんなんだったよ？」

津田っちは、ハセのしゃべり方を真似て笑った。

「ハセは緊張してたんだよ。僕と喋ってた時は普通だったよ。動物園楽しみだね！」

動物園当日、僕は最初から最後まで本当に楽しむことができた。一緒に行ったメンバーはともかく、ハセが四六時中カッコよかったからだ。ただ、ハセと津田っちはたまに会話をしていたが、二人はその先なんの盛り上がりもなく一日が終わってしまったようだ。ハセと僕が二人きりになった帰り道、ハセは言った。

「今日津田さんとうまく喋れなかったのは、七崎が勝手に、俺が津田さんを好きなことを伝えてしまったからだよ。なんで勝手に言っちゃうんだよ！」

ハセは僕の身体をブンブン揺さぶった。僕は悪いことをしたつもりは全くない。「ドンマイ！」と彼を励ました。僕が津田っちに話をしていようがいなかろうが、ハセがうまく喋れようがなかろうが、うまくいかないものはうまくいかないのだ。僕は直感でわかっていた。そんなことよりも、僕はハセと仲良くなれたことが、嬉しくて仕方がなかった。

それから、僕とハセはいつも二人でいるようになったから、周りからは「あいつらデキてるんじゃないか」と噂されたくらいだった。もちろん噂通りではないが、気がつけば僕は、ハセのことしか見えなくなっていた。

トキメキの拷問温泉

ハセはそれからもずっと津田っちのことが好きだった。津田っちの素晴らしさや、津田っちの美しさ、津田っちへの熱い想いをハセは何度も僕に話して聞かせた。

僕はハセに「諦めろ」と言い続けた。「恋愛なんかよりも友達同士で高校時代を謳歌《おうか》しようじゃないか！」と。そして僕とハセは、よく一緒に遊ぶ仲となっていった。

ハセは温泉や銭湯を巡るのが好きだったから、学校近くの温泉にはしょっちゅう二人で行っていたし、たまに遠出をして、大きな温泉レジャー施設や、泊まりがけで定山渓《じょうざんけい》温泉へ行ったこともある。

この日はハセと二人で温泉レジャー施設に来ていた。とても大きな施設で、お風呂の種類も沢山あった。僕はハセよりも先にシャワーを浴び終えると、どのお風呂に入ろうか、うろうろ見て歩き、いいお風呂を見つけた。大人が丁度一人入れるサイズの、小さな樽《たる》風呂だ。

樽風呂につかっていると、シャワーを浴び終えたハセがやってきた。樽風呂の横にある大きなお風呂に入るのかと思いきや、ハセは僕のいる、小さな樽風呂に一緒に入ってきたのだ。

樽風呂のサイズは大人一人分のサイズだ。二人で入るのには無理があると思ったが、ハセは何も感じていないようだ。

なんとか向かい合う形で、樽には収まったが、お互いの脚が一本ずつ、お互いの股の間に入っている形に収まってしまった。それだけでも大変なことなのに、僕の足の甲にはハセの股間がゆらゆらと当たっているではないか！

僕の足に自分の股間がゆらゆらと触れていることを、ハセは気づいていないのだろうか。それとも、当たっていても問題ないと判断しているのだろうか。どっちにしろ、僕にとっては天国のような地獄。いや、これはもはや拷問だ。

心を「無」にしようと思っても、触れている個所に、全神経が集中してしまう。当たっている部分はハセの股間のどの部分だろうか……。きっとあの部分だ……。嗚呼《ああ》、なんてことだ……。

僕の股間は破裂してしまいそうなほどに膨張してしまった。

なんとか、別のことを考えよう。こんな時はおじいちゃんのことを考えればいいと誰かが言っていた。

おじいちゃん……、おじいちゃん……、おじいちゃんのおちんちん……、ハセのおちんちん……だっ、だめだ！

頭からハセのおちんちんが離れない。おじいちゃんを考えて萎《な》えるのは、女性を好きな人だから、僕には当てはまらないんだ。それならば……。

かわいい赤ちゃん……、笑ってる赤ちゃん……、ハセの赤ちゃん……、ハセとセックスしてできた、ハセのおちんちん……もうだめだっ！

頭の中は、足に触れているハセのおちんちんでいっぱいだ。大きくなってしまったソレを元に戻す方法はもはや……ない！

もし、ハセが少しでも動いて、僕のモノが、ハセの足にも触れてしまったら、人生終わりだ。だからといって、樽風呂から出て、違うお風呂に移動するにしても、今僕が立ち上がれば、僕の股間はハセの目の前に晒《さら》されることになるどころか、ハセの顔面に突き刺さってしまうような距離にいる。この状態でここから出ることは不可能だ。もしこのまま、僕の興奮が見つかってしまったら……。

「七崎、お前なんで、男風呂で勃《た》ってんだよ！　変態だな。もしかして、男が好きなの？　そんな奴とは友達でいられない」

となってしまうかもしれない。僕の人生はここまでだった、ということになる。今後、変態だとののしられながら生きていくか、死ぬかしかない。そんなことを考えていたときだった。ハセが立ち上がろうとしたのだ。

僕は間一髪で、ハセの脚と僕の股間が触れないようにかわすことができ、すぐに身体をよじって、ひっくり返ることができたのだ。怪しまれずにこの場をやりすごした僕は、しばらくその樽風呂から出ることはできなかった。足に触れた感触が、頭から離れなかったからだ。その感触は今でもハッキリと覚えている。

AM4：00の冒険

ハセは自然や冒険が好きだった。僕らは多くの冒険をしたが、その中でも一番印象に残っている冒険がある。夏の深夜にこっそり家を抜け出して、山登りをしたことだ。朝日が昇るのを見る目的だった。

深夜、家族が寝静まったころ、懐中電灯を片手に僕はこっそり家を抜け出した。

ハセに「脱出成功！」とメールを送り、皆と待ち合わせをしている公園へと急いだ。

この日のメンバーは、ハセと僕と星君とナメックだ（ナメック星人に似ているため、ナメッ

小学校に入ると、仕草が女性的だと気付かされる。それが一般的に「変」だと知って、走り方などを変えようとしたけれど、無意識にやっていることを直すのは本当に難しかった。

小学校に入学
白いタイツ…

小学校高学年。一輪車に乗って、手にしているのは団地入口にある雪かき用のスコップ。雪かきを手伝って、団地に住むおじいちゃんやおばあちゃんから、おこづかいをもらった。

団地の前の公園。
一輪車が得意！

クと呼ばれている）。

僕が待ち合わせの公園に到着すると、ハセと星君はすでに待っていたが、待ち合わせ時間を過ぎてもナメックは現れない。このまま待っていたら、朝日が昇る時間に間に合わないと思った僕たちは、残念だけどナメックを置いていくことにした。

星君はナメックと仲がよかったので「ナメック、裏切り者だな」と言って少し寂しそうだった。

僕たちが登る円山は危険なほど大きな山ではないけれど、登山ルートには幾つものお地蔵様が並んでいて、札幌の八十八ケ所と呼ばれている、霊山のようなところだった。

三人とも懐中電灯を持っていたが、山の中に外灯はひとつもなく、真っ暗だ。

それでも僕たちは、たくさんのお地蔵様に見守られながら山を登る。お地蔵様の中には頭がもげて、無残なのもあったが、大好きなハセが一緒にいるせいか、怖くはなかった。

でもハセは、お地蔵様に「津田さんとお付き合いできますように。お願いします！」と声をかけながら進んでいる。そんなハセの後ろで、星君が僕に声をかけた。

「ハセって、まだ津田さんが好きなの？」

「そうみたいだけど、津田っちは無理って言ってるよ」

僕はあえてハセに聞こえるように答えた。

星君は「かわいそう！」と笑い、ハセに「諦めも肝心」と言った。僕も頷いた。

「うるせえ！　うまくいかないのは全部、七崎のせいなんだ！　俺が津田さんを好きって本人に言ったせいなんだぞ！」

ハセは、津田っちが自分に振り向かないことを僕のせいにしている。

「うわー、それはキツいな。でも七崎らしい。俺は好きな人がいても七崎には相談しない！」

「えー、なんで、ひどいよ。星君も好きな人いるの？」

「いるよ。でも全然望みなしだね。七崎は好きな人いないの？」


「ハセが好きだ――」


もし今そう言えば、どうなってしまうのだろうか。間違いなく僕はハセのことが好きで仕方ないのだが、自分の中でそれを否定し続けていた。男が男を好きになるはずがない。ハセへの想いは気の迷いで、何かの間違いだと……。僕は言った。

「好きな人なんていないよ。恋愛に興味もない。今は友達と遊んでいるほうが楽しいし、彼女なんていらない！」

そう、僕は「友達」としてハセと一緒にいられればそれでいい。僕は彼女なんて作らないし、ハセにも彼女なんて作って欲しくない。そう思っていた。

「七崎は、人を好きになったことがないから、俺らの気持ちは、わからないんだよ」

ハセは先頭をぐんぐん進みながらそう言った。僕はこのハセの言葉に、ムッとした。だって、お前のことが好きなんだ。そのせいでこんなにも苦しいのに！　ハセこそ僕の気持ちをわかっていない！　ハセが津田っちの話をする度に、僕がどんな気持ちになっているか！　ハセが僕に優しくする度に、僕がどんな気持ちになっているか！

「ハセの気持ちなんて、わかりたくない！　好きな人なんか、いらないもん！」

「でも、もし七崎が女だったら、俺ら、付き合ってたよな」

またた。こんなハセの言葉が、どんなに嬉しくて、どんなに辛いか。ハセの何気ない一言で僕の心は一喜一憂してしまう。僕が女だったら付き合っていたと言われることは、とても嬉しい。だけど僕は男として生まれた。だから、遠まわしにお前とは付き合えないと言われているとも受け取れる。何で僕は男なのだろうか。間違えているのは、ハセを好きなことではなく、生まれた性別だったのではないだろうかと思えてくる。

「ハセと七崎は確かにお似合いだよ」

　星君が言った。

「僕が女だったら、ハセなんか相手にするわけないでしょ！」

　そう言ってみたものの、女として生まれていれば、ハセと付き合えていたかもしれないと思うと、やるせない。暗闇にお地蔵様が並ぶ山道を進みながら、僕はなぜ男に生まれてしまったのかを考えていた。

　もしかすると人間は、生まれてくる前に、いろんな書類を神様に提出するのかもしれない。その書類には生まれる国や人種、性別などの事細かな選択項目があって、きっと僕の書類には不備があったのではないだろうか。だから女性っぽいし、ハセを好きなのかもしれない。でも、もう生まれてしまったのだから、その書類の不備を直すことはできない。だからこれ以上ハセを好きになってはいけない。そんなことはいけないことだし、どうせ一時の気の迷いなんだから、苦しいのは今だけだ。

でももし、一生このままだったらどうしよう。ずっと苦しいままだったら。いっそ死んでしまえばどうだろう。

死んで神様に言おう。「書類、間違えてました！」と。そしてちゃんとした書類を提出して、ちゃんと女として生まれ変われば、ハセに好きになってもらえるはずだ。そうなればどんなに幸せだろうか。でも僕が生まれ変わったとき、またみんなに会えるだろうか。お母さんやお父さん、そしてハセにも……。

僕は黙々と山を登っていた。僕らの足音で起こしてしまったのか、カラスが怒って鳴いたとき、山頂が見えた。僕らは嬉しくて「うぉー！」とか「うぇーい！」と叫びながら、最後の坂を駆け上がった。

山頂はひらけた場所だった。日の出まであと少し。僕らは大きな岩の上に座り、お互いに労《ねぎら》いの言葉を掛け合って、ご来光を待った。

東の空が、薄い青色からオレンジ色のグラデーションで輝き始めると街が見渡せた。僕らが住む札幌の街だ。みんなはまだ眠っているであろうこの街で、どれだけの人が生活しているのだろう。みんな何を悩み、何に幸せを感じて生きているのだろう。

きっと、ここに暮らす誰もが、何かしらの悩みをかかえ、それでも幸せを見つけて必死に生きているのではないだろうか。生きるって、大変なんだ。そしてそれは僕だけじゃない。みんな同じはずだ。

太陽は忙しそうに、あれよあれよと空を昇って、街中をあたたかい光で照らしていく。そしてそのあたたかい光は、僕の身体だけでなく、心の中まで照らしてくれたようで、心もぽかぽかしてくる。

『生きろ、ってことだよね。辛いこともあるけれど、僕はこの人生を生きてみるね。約束』

僕は心の中で太陽に誓った。

起こされて怒っていたカラスも、太陽が昇って嬉しいのか「早く遊びにいきたいよー」と鳴いているようだった。

「蚊、やばくない？　七崎の脚に、なまら蚊いるけど大丈夫？」

星君は蚊を払いながら言った。

「大丈夫！　虫もお友達だよ」

気持ちのいい朝、三人の気持ちは穏やかだった。僕は脚にとまった蚊を叩きつぶした。

ハセは僕の腕をつかみ、言った。

「お友達を殺すな！　お前、虫は友達って言ったばかりだろ！」

三人は笑った。ハセを好きだと心が叫ぶこと、それを認めたくないこと、なんだかよくわからない悩みは、たくさんあるけれど、僕は今、幸せだ。

ハセが提案をした。

「道のないところから下山してみない？」

ハセの冒険好きがまた始まったと思ったが、僕も星君も賛成した。

僕たちは道のない山の中を、ハセを先頭に、草を掻き分けながら進んだ。たわいもない話をしながら、笑いながら。

その途中、見たこともない綺麗な花が咲いていた。僕たちは足を止め、少しの時間花を見る。そしてまた道のない道を進むのだ。

人生は冒険と似ている。先に危険が待っているかもしれないし、綺麗な花が咲いているかもしれない。先はわからないが、こうやって〝今〟を精一杯楽しんで生きていけばいいのだろう。きっと大丈夫。この小さな冒険が僕に教えてくれた。


無事に下山することができたとき、街は少しずつ動き始めていた。僕たちは各々制服に着替えるために帰宅した。僕が家に帰ると、朝ごはんの仕度をしていたお母さんが「どこ行ってたの？」と言ったが、僕は「ちょっと散歩」と答えるとそれ以上追及はされなかった。

シャワーを浴びて、制服を着て、朝ごはんを食べて、アズと一緒に登校した。教室に入ると、先に登校していた星君が、僕に駆け寄りこう言った。

「七崎、聞いてよ！　ナメックが来なかった理由を問い詰めたら、すげーかわいそうなことが起きていたみたい。俺の口からは言えないから本人に聞いてみて！」

僕はナメックの席まで行き「どうして来なかったの？」と聞いた。もしかしたら、家を抜け出す時に、親に見つかってしまい、叱られてしまったのではないかと思い、心配していたのだ。ナメックのお母さんはＰＴＡの役員をしていて、威厳のあるお母さんだということを、僕は知っていた。

ナメックは俯いたまま答えたくなさそうにしている。

「見つかって、叱られちゃったの？」

僕が問いかけると、星君がニタニタして答えた。

「違うよな。逆に見ちゃったんだよな！」

ナメックは「もぅ！」と星君を睨《にら》むと、重い口を開いた。

ナメックの説明はこうだった。ナメックは集合時間に間に合うように準備をしていた。懐中電灯をもって、部屋を出ると、無駄に用心深いナメックは、親が寝ているかどうかを確認しようと思い、両親の寝室のドアを開けた。そこで……親がセックスをしていたのだ。

「え！　目は合ったの？」

ナメックは小さく頷いた。ナメックも、ナメックの両親も、本当に気の毒だと思ったが、笑うしかなかった。結局ナメックは、すごすごと自分の部屋に戻るしかなかったのだ。星君とさんざん笑っていると、ナメックは「もう、ぅるさぃ！」と悲しげに少し笑った。

その後、「両親の仲がいいことは素晴らしいことだ！」と励ましたが「もうその話はしないでくれ！」とナメックは言った。

その数時間後、ハセと星君は学校から病院へ送られる羽目になった。足や腕が、真っ赤になって、パンパンに腫れてきたのだ。送られた先の医者に「漆に触った？」と聞かれたようだ。僕だけなんの症状も出なかったから、僕だけは本能で、漆を避けて歩いていたのかもしれない。

日の出と共に見渡していたこの街には、いろんな人がいて、毎日いろんなドラマが生まれている。きっとそのドラマ全てが素晴らしい。あの太陽が全てのドラマを見守ってくれているのかもしれない。

そう思うと、不安な日々も、「大丈夫、なんとかなる」と思えてきたのだった。

恋がたき、「愛」があらわれた！

ハセのクラスが体育の授業へ行くと、僕は教室で、授業中ずっと廊下を眺めてすごした。体育の授業は、着替えるために、チャイムが鳴る少し前に終わって、ジャージ姿のハセが僕の教室の前を通るからだ。ハセが、僕のクラスの前を通る際に、僕の教室を覗いて、僕を探してくれたことは一度もないが、ハセが僕の教室の前を通るというだけで、僕は授業どころではなかったし、実際にジャージ姿のハセが通ると、僕の心はそれだけで躍るのだった。

そんな幸せな生活が続いていた二年の夏だった。ハセのいる1組の中に「ハセのことが好きだ」と宣言した奴がいた。その女子の名前は「愛《あい》」だ。

愛はハセのことが好きだと公言したが、好きな人を公言するメリットはただ一つしかない。それは、周囲の人の協力を得ることだ。実際に愛は1組の女子をほとんど自分の味方につけているように思えた。

僕は、ハセと愛が付き合ってしまったら、どんなに嫌かを想像した。きっと、ハセは、愛とばかり遊ぶようになって、僕といる時間は制限されてしまうだろう。愛が中学時代の秀美になるわけだ……。身ぶるいするほど嫌だった。愛なんかに、ハセは渡せないと思った。ハセと愛が付き合わないように、行動あるのみだ。

僕はよく、ハセに会いに1組へ遊びに行っていたので、愛を知っていた。

「ねえ、愛。ハセのことが好きなんでしょ？」

僕は愛に直接聞いてみることにした。

「なんでななぴぃまで知ってるの？　もぉ、やだ～」

なんて白々しい女だ！　冗談は顔だけにしてほしい。だって、自分がみんなに公言したのだ。みんなを味方につけるために違いない。それに、愛がハセを好きなことは、ハセ本人の耳にも入っているのは明らかだった。

「ハセのどこが好きなの？」

「え～、どこだろう……。気がついたら好きになってたかなぁ」

「そうなんだね。うまくいくといいね！　僕も愛を応援するね！」

絶対足を引っ張ってやろうと思った。

「でも、ハセは津田さんが好きだからさ～。自信ないんだ……」

「津田っちは、全然その気はないから安心して、きっと大丈夫。なんかあったらなんでも言ってね！」

ハセと愛が付き合うのだけは、なんとしても避けたいと思ったが、それと同時に愛が羨ましかった。好きな人を、好きって言えるのって、どんな気持ちなのだろう……。

自分が誰を好きか、友達が理解をしてくれるって、どんな気持ちなのだろう……。

自分の恋を、応援してくれる人がいるのって、どんな気持ちなのだろう……。

僕はハセが好きだ。でもそれを自分で認めてしまうのが怖い。誰かに相談するのはもっと怖い。ハセを好きだけど、それは一時の気の迷いだと自分に言い聞かせ続けてきた。それを堂々と「ハセが好きだ」と言えてしまう愛は、なんてずうずうしい女なのだろうか。

ハセと二人きりの道で、僕はハセに愛の話をした。

「ハセは愛のこと、どう思う？」

「あいつが俺のことを好きって言ってることは知ってるよ」

「そうみたいだね。で、ハセは愛と付き合える？」

「俺は、あいつを好きになれたら幸せになれると思う。でも違うんだよ。あいつは津田さんじゃない」

「確かにね。津田っちは美人だから。でも津田っちのことが諦めついたら愛と付き合える？」

「ん〜、わからない。ほんとにいい奴だから、あいつを好きになれたら、どんなに幸せだろう！　とは思ってるけどね」

「無理に愛を好きになる必要ないと思う。だって、ハセと愛って全然合わない気がする。それに、あの美人すぎる津田っちから愛に乗り換えたって知ったら、みんな、ハセのことをかっこ悪いと思うだろうね」

　自分に気があると知ると、その相手を意識してしまい、自分も相手を好きだと勘違いしてしまうことがよくある。ハセがそうなってしまわないかが不安だったが、どうやらハセは愛のことをあまり気にしていないようだから、しばらくの間は安心だ。だが愛が要注意人物であることは間違いなかった。


　ある放課後、僕が１組に顔を出すと、愛はバイト情報誌を読んでいた。

「愛、バイトするの？」

「うん、バイト探し中なんだ〜」

　僕がバイト情報誌をのぞき込むと、愛は気に入ったバイト先に印をつけていた。

「この健康ランド、ハセの家の目の前じゃん！　愛がここで働くなら僕も一緒に働く！」

こんな流れで僕と愛は、健康ランドの大広間で、一緒にバイトをすることが決まった。愛は恋がたきではあるけれど、ハセが言うようにいい奴だ。この健康ランドのバイトは僕と同じクラスの翔や、1組の由貴、3組のアッコなどが仲間入りをした。

友達と一緒のバイト生活は充実していて、健康ランドに来るお客さんにも、よく可愛がってもらったりして、最高のバイトだった。ただ、なかなかハセと会う時間がなくなって、ハセは今頃何しているだろうと思う時間が多くなっていた、そんな時だった。ハセに彼女ができたのだ。その相手は僕が要注意人物だと思っていた愛ではなかった。

悪魔と化した僕

ハセの彼女は「マミちゃん」という子で、僕らと同い年だが、中学を卒業して、高校には通わず夜の街で働いている子だった。たぶん年齢などもごまかして働いているのだろう。僕が知る限り、マミちゃんはこれまで、僕が一年の時のクラスメイトだった、森木という男と付き合っていたが、森木と別れ、ハセと付き合うことになったようだ（森木とハセとマミちゃんは同じ中学出身だった）。

僕は森木に詰め寄った。

「森木！　マミちゃんをハセにとられて悔しくないのか！　なんでマミちゃんと別れたの！」

「全然悔しくないよ。あいつ、俺と付き合ってる時からいろんな男と浮気してたし、最悪な女だよ。別れられて清々《せいせい》してる！　ハセもドンマイって感じ」

僕にしてみればドンマイなんて言葉で済ませられることではない。そんな最悪な女にハセが騙《だま》されることなど、あってはならない！

「森木てめえ、この野郎！　お前が清々してもしょうがねえんだよ！　どうしてくれんだよ！全部てめえのせいだからな！」

僕は発狂していた。

「何がだよ！　七崎、落ち着けって、どうしたんだよ！」

「森木、今すぐハセのとこに行って、森木が浮気されてたこと、マミちゃんがクソみたいな女だってことを、ハセに説明して来い！　友達として、マミちゃんと付き合うのはやめた方がいいって、今すぐ言ってこい！」

「嫌だよ。俺には関係ない！　それにハセは全部知ってると思うよ」

「知ってて、ハセがなんで、そんなクソ女と付き合うんだよ！」

「俺が知るかよ！　それに俺はもう関わりたくないね。悪いけど」

「森木が言わないなら僕が言う！　森木のバカ！」

ハセはとんでもない女と付き合ってしまったのだ。きっとハセは騙されてるんだ。誰かがその女の本性を知らせなければいけない。きっとまだ取り返しがつくだろう。僕は急いでハセの教室へ向かった。

「ハセ！　森木から聞いたんだけど、マミちゃんって、森木と付き合ってる時に、浮気ばっかりして、本当に最悪な女だったらしいよ！」

「ああ、うん。知ってるよ」

「じゃあ、なんでそんな女と付き合うんだよ」

「七崎は森木の言い分しか聞いてないだろ。マミはマミで辛かったんだよ。森木がちゃんとマミのことを見てやってなかったから。マミもそのことは反省してるよ。俺はマミをちゃんと大切にするし、誰が何て言おうと、俺はマミを信じてるから」

大切にする？　信じている？　虫唾《むしず》が走る。ここでめげる訳にはいかない。友達として、変な女と付き合うのを止める権利はあるはずだ。

「ハセ、本気じゃないよね？」

「人を好きになったことがない七崎にはわからないよ、俺の気持ちは……」

「わからないよ、そんなの！　人を好きになると、みんなバカになっちゃうの？　今のハセはバカすぎるよ。そんな女と付き合うなんて、冷静とは思えない！　理解できない！」

「七崎にわかってもらおうなんて、思ってないよ。七崎は冷たい人間だ。他の友達は、俺に彼女ができたことを、喜んでくれてるのに」

「ごめん。でも……喜べないよ」

「今はそうやって言ってるけど、マミと一緒に遊んだりしたら、マミと七崎は仲良くなれると思うんだ。気が合うと思う」

「仲良くなれたらいいけど、全然自信ない。たぶん僕には合わないと思う。ハセには冷静になってほしい。僕は友達としてハセにちゃんと幸せになってほしいだけなの」

冷静じゃないのは僕の方だった。愛だって、同じ心境なはずなのに、僕のようには騒いではいない。それに僕は、ハセに幸せになってほしいのではなく、ハセが誰かのものになってしまうのが辛いだけだった。

「今度マミと一緒に、健康ランドのバイトの面接を受けようと思うんだ。俺とマミが受かったら、みんなで一緒にバイトできるよ。マミとも、仲良くしてほしい」

ハセが、僕のバイト先の面接を受けてくれるのは嬉しかった。ただ、ハセだけが合格すればいいと思った。

だが面接の結果、ハセは落ち、マミちゃんだけが合格してしまった。なんという皮肉だ。小さな健康ランドにはハセを好きな人が三人も集まってしまった。僕と愛とマミちゃんだ。

僕が愛に嫉妬している間に、マミちゃんがペロッとハセのハートを摑んでしまったのだ。僕は女友達は多いが、恋がたきとなってしまったマミちゃんが憎くてしかたなかった。だから新しくバイトに入ったマミちゃんにはとても冷たく接した。

マミちゃんは学生ではなかったから、僕らとバイトの時間はそんなにかぶらなかったが、ある日、僕たちが出勤すると、私服に着替え、勤務を終えたマミちゃんが休憩室に座っていた。僕は目も合わさずに挨拶をした。

僕は学校の制服から、バイトの制服に着替えながら、イライラしていた。マミちゃんなんか、本当は視界にも入れたくない存在なのだ。僕からハセを奪った女。ハセと僕の楽しい高校生活を脅かす存在。そんな女が僕のバイト先にまで現れて、今僕の目の前に座っている。本当に腹が立つ。だが、僕の中でハセとマミちゃんのことが気になっているのも事実だ。もしかすると、マミちゃんと同じバイト先なのは、僕にとってありがたいことなのかもしれない。だって、ハセのことが知れるから。ハセのことなら、どんなことでも知りたい。どこでデートをしたかとか、どんなデートだったかとか……。

マミちゃんを憎い気持ちは置いておくことにして、うまくマミちゃんを利用することにしようと思った。着替え終わった僕は、マミちゃんに話しかけることにしてみた。

「マミちゃん、ハセとはうまくいってる?」

「うん！　昨日もハセとデートしたんだけど、今日はこれからハセとお泊まりなんだ！」

マミちゃんは嬉しそうに言った。

「え、お泊まりってことは今日が初めての夜ってこと?」

「ううん、もうヤッたよ。ハセ、緊張しすぎて、萎えちゃって最悪だったんだよ」

心臓が締め付けられたように苦しくなって、吐き気がした。

「そうなの……、それは残念だったね」

「もう別れようかと思っちゃったよ～」

さっさと別れて消えてくれ。僕の前から、そして地球から。

「でも今はね、普通に上手だよ！　すごくいい感じに、うまくいってるよ」

「もう『ハセしかいない！』って感じ？」

「そうだね～。ハセしかいない！」

マミちゃんは素直な人に思えた。だが僕は、ハセとマミちゃんが、別れる兆しを、少しでも見出したかった。

「でも、森木が言ってたけど、マミちゃんってすぐ浮気するんでしょ？　実はハセの他に誰かいたりしないの？」

「あの時はいろいろあったんだけど……。もう絶対しないな。ハセが大切だから」

「そうなんだ。頑張ってね」と、僕が吐き捨てるように言うと、マミちゃんは笑顔で頷いた。

マミちゃんからハセの話を聞いてしまうと、苦しくなった。だからその日のバイト中も「今頃ハセとマミちゃんは……」と考えると気が気ではなかった。

ハセと僕は、仲良くなってから、毎日のように一緒に遊んでいた。それなのにハセは、マミちゃんと付き合い始めてからというもの、僕と遊ぶヒマはないようだった。誘いを何度も断られていたが、それでも僕はめげずにハセを誘い続けた。

「今日、みんなでカラオケに行くんだけど一緒に行かない？」

「マミと約束してるから行けない。みんなで楽しんで!」

ハセがいない時間は僕にとって空虚なものだった。

どんなに友達がたくさんいても、その友達とどんなに楽しいことをしていても、僕の心に開いた穴は埋められなかった。ハセなしでは「楽しさ」や「幸せ」の感じ方を忘れた人間になってしまったようで、一人になると勝手に涙がこぼれてくる。そんな日々が続いていた。


ある日の夜、僕は思いあまって、ハセに電話をかけた。

「もしもし。ハセ、今一人？」

「うん、一人。どうした？」

「最近さ、ハセは僕とあんまり遊んでくれないじゃん。だからなんか、寂しいんだよね」

勇気を出して、精一杯の告白だった。

「七崎、お前も彼女を作れば？　好きな人とか、ホントにいないの？」

「彼女なんかいらない。好きな人なんかいない！　僕はハセと遊びたいだけなのにハセが彼女ばっかりで、本当にムカつくんだよね！」

「お前、寂しいだけだろ。絶対彼女作った方がいいって！　そしたら俺の気持ちもわかるよ。彼女がいれば、友達と遊ぶ時間ももったいないと思うくらい、彼女に会いたくて仕方ないんだよ。お前にその気持ち、わからないだろう」

「じゃあ、僕と遊ぶ時間ももったいないの？　彼女といたいから？」

「みんなそうだと思うよ。彼女ができたら、みんなそんな気持ちになるんだよ。人を愛したことのない、七崎にはわからないかもしれないけど」

僕は泣き出してしまった。自分の中で、何かの糸が、ぷつりと切れた感じがした。僕は一気にまくしたてた。

「あんなクソ女に振り回されるハセの気持ちなんてわかりたくない！　マミちゃんなんか、ほんとに大嫌い！　マミちゃんなんかを好きなハセも大っ嫌い！　だから、マミちゃんとハセが別れないなら、僕はハセの友達をやめる！」

理性が遠くなっていくのを感じた。

「友達をやめるって……七崎、どうしたんだよ！　おかしいって！　他の友達にそんなこと言う奴いねえぞ？　俺に彼女ができて、お前以外の友達はみんな喜んでくれたのに、なんでお前は喜んでくれねぇんだよ！　七崎……、一回病院行って診てもらった方がいいんじゃないか？　最近のお前、なんか変だぞ！」

変。そうだ、僕は何かおかしい。そう自分でもわかっている。

「病院に行った方がいいのは、ハセの方だ！　彼女依存症！　マミちゃんばっかりで……あんなクソ女！　ハセも同類だ！　二人とも死ねばいいと思う！　それかいっそのこと、僕が死ねばいいんだ！」

僕はもはや、泣き叫んでいるのに近かった。

「落ち着けって！　じゃあ、俺も病院行って、彼女依存症か診てもらうから、そしたら七崎も行くか？　一緒に診てもらおう、な？　俺は七崎が心配だよ。だって、言ってることめちゃくちゃだよ！　自分でわかってる？」

ハセはこんなときでも優しかった。ハセの言うことは正しいと思った。ハセに彼女ができてから、自分はおかしい。幸せを感じないうえに、いつも泣いている。

心の中には冷たくて重たいものがいっぱいに広がっていて、自分はこんなに嫌な人間だったのかと疑うほどだ。病院より悪魔祓《ばら》いの方が、効き目がありそうだと思った。ただ、今の僕から悪魔を祓われると、僕の存在そのものが祓われてしまいそうだ。

だからといって、病院に行ってしまうと、僕が男を好きな男だということを証明されてしまうかもしれない。それからどんな治療をされるのか。そう考えると、悪魔祓いも病院も、どちらも恐ろしかった。自分で何とかするしかない。

「病院……行かない。もう、大丈夫だから……ほんと、ちょっと頭おかしかった。ごめん」

僕はどうなっちゃったのだろう。涙は止まらないし、頭の中がハセでいっぱいだ。たった今、電話を切ったばかりなのに、もうハセの声が聞きたい。最近の僕が変だと心配してくれたハセの気持ちが嬉しかった。もしかすると、電話を切った後で、やっぱり僕のことが心配になって、また電話をかけてくるかもしれない。そう思い、期待して携帯を開いても、ハセからの着信もメールもない。今頃マミちゃんと電話をしているのかもしれない。そう思うとまた胸が疼《うず》いた。

僕だけが心をかき乱されている。心をかき乱された今の僕は、魔物や悪魔のような人間になってしまった。憎くて、恨めしくて、悔しくて、寂しくて、苦しいのだ。この苦しみはいつか止むのだろうか――。

ハセと出会わなければ、苦しまずにいられたのかもしれない。だけど、ハセと出会う前の自分が思い出せない。ハセと出会うまで、僕は何で笑い、何に喜びを感じ、何に感謝をして生きていたのか。ハセと出会ってから、僕は贅沢になってしまったのだろうか。ただ僕は、ハセが彼女をつくる前みたいに、ハセと一緒にいたいだけなのに。一緒に遊んだり、温泉に行ったり、山を冒険して、ハセと楽しく過ごしていたいだけなのに。それ以上なんて、望んでもいないのに！

ハセと登った山の上で感じた生きる希望は、隣にハセがいたから感じることができたのかもしれない。ハセを失った今、僕の中に希望は見つからない。

僕の人生、なんでうまくいかないのだろう。好きな人ができても、いつもその人には彼女ができてしまう。僕は一生一人ぼっちで生きていくのだろうか。そんなことを思うと、いつまでも涙がとまらなかった。

股間の泡

ハセに電話をかけて号泣してしまった日から、数日がたった。ハセに病院に行くよう説得されたが、病院へ行ってしまうと、なにかイケナイことが発覚してしまいそうで、それだけは絶対に避けたいと考えていた。

僕の様子がおかしいと察したのは、ハセだけではなかったようだ。学校へ行くと、同じクラスの親友である翔が、僕の顔を覗き込み、遠慮がちに言った。

「七崎、最近元気ないよね？　なんかあった？」

ハッとした。そんなつもりはないのだけど、元気がなさそうに見えていたのか。心配かけてごめんと思った。もし、ここで翔に相談できたら、どんなに楽になれるだろう。実は、自分が男を好きな変態なのかもしれないと恐れていること。ハセを好きかもしれなくて悩んでいるということ。そしてハセに彼女ができて苦しんでいることを。

だけど、そんなこと、話す勇気はなかった。

「ほんと？　ちょっと疲れてるだけだと思う。全然元気！」

僕は親友に嘘をついた。笑顔を見せたが、ちゃんと笑顔になっていたのかは疑問だったし、翔と目を合わせることができなかった。

「よかった！　なんかあったら何でも言って！　俺でよければさ！」

「もちろん！　なにかあれば、すぐ翔に相談するよ！」

なるべく心配かけないようにしなくてはいけないと思った。

ハセはあの電話以降、僕に、彼女を作ることがどんなに素晴らしいか説き続けた。僕に彼女がいなくて孤独だから、僕の精神が不安定になっていると、ハセは考えているのだ。僕のためを思って言ってくれているのはわかっているが、ハセの言葉はグサグサと胸に突き刺さった。

「彼女がいるとな、ずっと彼女のことばかり考えてしまって、いつでも会いたいと思うんだぞ！　七崎にはそんな相手が必要なんだよ、お前ならすぐにできるだろう！」

「ハセは今もマミちゃんに会いたいの？」

「もちろんだよ！　だから七崎もそういう相手を見つけろ！」

僕といても、ハセの頭の中はマミちゃんでいっぱいなんだと知った。僕の頭の中がハセのことでいっぱいなのと同じように。

「彼女なんて作りたくない！　そんなもん、くだらない！　友達がいればいいもん。ハセとか……」

「じゃあ、ずっと童貞のままでいいのか、七崎！」

ハセは僕の両肩を摑み、大きく揺さぶった。最近ずっと泣いていたはずなのに、ハセに肩を揺さぶられているというだけで、こんなに幸せな気持ちになれてしまう自分が怖かった。

「いい！　一生童貞でいい！」僕は言い切った。

僕は今までに、女の人に対して性的な欲求を感じたことがほとんどなかった。エッチな本を見て、自慰行為だってするが、女の人を見て興奮をするというよりも、男の人が写っていたら、やっぱり男の人を見てしまう。女の人しか写っていないものを見るくらいなら、ダビデ像を見ていた方がマシだった。でも、世の中に男の人のヌードは、女の人のヌードに比べて圧倒的に数が少ない。だから、エッチな本を見ながら「この女の人は、どんな男の人に抱かれているのだろう」とか「男の人に抱かれて、どんな気持ちなんだろう」とイマジネーションをふくらますしかないのだ。

ハセがどんなに恋の素晴らしさを説いても、僕は受け入れなかった。だって、僕にとっては、こうして、ハセと過ごす時間が幸せなのだから。

「わかった、もういい！　そうだ、温泉行くぞ！」

ハセが言った。僕に彼女を作らせ、精神を安定させる作戦はあきらめたように思えた。

「いいね！　どこの温泉行く？」

心が躍った。ハセと二人で出かけるのはとても久しぶりだった。

ハセはマミちゃんが出勤している、健康ランドに行きたかったようだ。きっと、お風呂に入って、マミちゃんのバイトが終わるのを待つのだろう。僕のバイト先でもあるので、僕は無料でお風呂に入ることができる。ハセの入場券を割り勘で買って、お風呂に入った。

大好きなハセと一緒に過ごせるのが、僕にとっては何よりも嬉しい。それ以上は望まない。一緒に温泉に入っても、ハセの身体は見ないように気をつけていたのだが、洗い場で、二人並んで身体を洗っている時に事件は起きた。

ハセが突如、洗い場の椅子から立ち上がり、言った。

「おい、七崎。見ろよ！」

僕がハセの方を向くと、ハセの裸体が目の前にあった。ハセが自分の股間を指さしている。

割れた腹筋。ヘソの下から、綺麗な一列に薄く毛があって、股間の毛につながっている。そして、僕のちょうど目の前。いや、僕のちょうど口の前には、ハセのペニスが重力に逆らえずにボロンと、ぶら下がっている。僕はなぜかニュートンのリンゴを思い出していた（なぜペニスはぶら下がっているのか……）。

身体を洗っている途中だったからか、ハセの裸体には少し泡が残ったままだ。僕は、その泡になれたら、そのまま消えたっていいと思った。

「どうしたの？」

ハセはまだ自分の股間を見せつけるように立っている。

「俺、セックスしてから、ちんこがデカくなった気がするんだけど、どお？」

手を伸ばせばそこにある、ハセの御本尊。だが僕は冷静を装って答えなければならない。

「今まで見てなかったから……わからないよ。けど、なんか、僕のとは全然違う……」

僕は、自分のものと、ハセのを交互に見たが、形も大きさも、色も毛並みも、なにもかも全く違うものに見えた。そもそも僕のは、こんなに重々しくぶら下がってはいなくて、身体にもっと、フィットしている（重力に逆らっている）。

「デカくなった気がするんだよ！　それにセックスをしてから、人に裸を見られるのがあまり恥ずかしくなくなった！　だからお前も、いい加減童貞卒業しろよ。まずは彼女を作ろう！な？」

ここまでされると「わかった！　考えてみる」と言わざるを得なかったが、頭の中はハセのペニスを見てしまったことでいっぱいだった。高校二年の秋だった。

東京ツインベッド

高三に入ると卒業後の進路をどうするかを考えなくてはならなかった。僕は映画や海外ドラマが大好きだったので、その道に進みたいと考えていた。校内でタバコが見つかり、数週間の停学中に僕は映画や海外ドラマを観まくっていた。その時は、不謹慎だがとても幸せな気分だった。東京にある映画専門学校を見つけ、一度見学に行くことにした。その話をハセにすると「俺も行ってみたい！」と言うので、夏に学校見学を兼ねた、生まれて初めての東京旅行が決定した。

新千歳空港のゲートをくぐり、降り立つ先は羽田空港。飛行機から降りるとモワッと湿った暑さを感じた。

「これが梅雨ってやつだぜ！」

ハセもテンションが高かった。

「梅雨だ！　いぇーい！」

北海道には梅雨がないから、僕らにとって、梅雨の初体験だった。そしてモノレールに乗った。

「モノレールだぜ！　いぇーい！」

モノレールからは、狭そうに建ち並ぶ、たくさんのビルが見えた。東京で見るもの全てが目新しかった。瓦屋根のお家を見るのも初めてだったし、竹が生えてるのも初めて見た。そして、ファミリーマートも（今では北海道にもあるのだが）。「ファミマだ！　いぇーい！」とコンビニの前で記念撮影をしているのは僕らくらいだ。中でも一番驚いたのは、普通の公園に植えてあるヤシの木だ。これまでヤシの木って奴は、南国にしかない木だと思っていたのに、東京ではこんなちっぽけな公園にもヤシの木が植えてあるなんて！　日本の景色には決してマッチしていないと思ったが、僕たちはヤシの木に抱きついて交互に写真を撮った。


　ホテルに到着すると、受付の男性が僕らを交互に見ながら言った。

「ダブルのお部屋をご予約されていますが、男性二名様なのでツインのお部屋にお取り替えいたしましょうか？　そうすると、それぞれシングルのベッドでおやすみいただけますよ」

「だまれ、余計なお世話だ。ハセと同じベッドで寝るんだ！」と言いたかったが、ハセは迷わず「そうしてください、ありがとうございます！」と言った。

　せっかくの僕の楽しみを……。東京のホテルマンは親切ぶった血も涙もない奴だと思った。

　その夜、僕は一睡もすることができなかった。ハセがとなりのベッドにトランクス一枚で寝ているからだ。トランクスには隙間がありすぎるがゆえのチラリズム。蛇の生殺しとはこのことだ。目を瞑っては開け「今眠れば五時間は眠れる……」から「今寝れば三時間は眠れる……」

「三十分でもいいから寝なくちゃ……」と思いながら気づくとハセを見ていた。そしてアラームが鳴った。

ハセが目を覚まし起き上がると、僕はそっと目を閉じた。ハセは僕のベッドに転がりこむようにして僕にまたがり、僕の嘘の寝顔をのぞき込んで「七崎、起きろ。朝だぞ」と言った。僕はたった今目覚めたかのようにして「おはよう。まだ眠い……」と言った。

この日の学校説明会の話は何も頭に入って来なかった。

指定席は男子の膝の上

僕は映画の専門学校に進学することになった。そんな僕に担任の先生が言った。

「七崎が東京へ行くと、北海道は平和になるな。みんなはまだ受験生なんだから、あまり迷惑かけるなよ！」

当時、ハリー・ポッターに憧れていた僕は、今ではどうかと思うのだけど、緑のカラーコンタクトをして学校へ通っていた。原作でハリーは緑の目をしているからだ。

もちろん学校ではカラーコンタクトは禁止されているので、机をバーン！と蹴飛ばされて「こっち見ろ！　またカラコンしてるだろ！　今すぐ外してこい！」と言われることが何度もあった。この先生は間違っていない。

　こんなこともあった。僕は一番後ろの席だったから、僕の席の後ろにはゴミ箱があった。だから僕はいつも、授業中出たゴミを、ゴミ箱を見ずに後ろに向かって「ポーイ」と投げていたのだが、たまたま授業参観の日にも同じことをしてしまったようなのだ。

　授業参観の後の保護者会で「七崎君にゴミを投げつけられました！」と、あるお母さんが訴えたそうだ。先生は「七崎は、決してそんなことをするような生徒ではないです。ただ、少しだけ、注意散漫で、たまに変な事件を起こすのですが、故意に人にゴミを投げつけるような生徒じゃありません」と何とか丸く収めてくれたのだった。

「お前のせいで昨日の保護者会は大変だったんだからな！」

「先生、ごめんなさい。でも覚えてないや！」

「ほんとに、お前は……。どんな大人になるのか先生、楽しみだ！」

　僕も楽しみだと思った。

　三年のクラスの友達とも仲はとてもよかったから、休憩時間や昼休みになると、僕はクラスの男子の膝の上に座って過ごしていた。男子は、僕に座られると、そっと僕を支えてくれたし、僕は男子の膝に座るのが好きだったから、ほとんどの男子の膝を制覇していた。その日も授業が終わり、ある男子の膝に座ろうとした。

「七崎、ちょっと待って。俺、今、勃起してるから……。よし！　もういいよ」

　もういいよ、と言われ、僕はその男子の膝に座る。そして、そこにみんなが集まる。その男子は言った。「俺と七崎はおホモだち、だもんな！」

ほとんどの生徒が道内での進学だったから、みんなと離れると思うと、僕は寂しかった。東京に行って、どんな生活が待っているのか。期待と不安が入り混じってはいたが、「東京が僕を呼んでいる！」と自分を奮い立たせていた。

僕の前世は

東京へ旅立つ数ヶ月前。当時は「スピリチュアル」がブームだった。僕も、本やＴＶで見ていたので、自分のオーラの色や前世を知りたいと思っていた。

読んだ本の中で、美輪明宏さんの「みんなお役目があって生まれてきたのだから、自ら命を絶つことはいけません」というような言葉には、何度命を救われたかわからない。だからこそ僕は、自分の「お役目」を知りたかったのだ。

「何のために生まれて、何をして生きるのか」「わからないまま終わる。そんなのは嫌だ」――。

やなせたかし先生のおっしゃる通りだと思っていた。

そんな時、バイト先の健康ランドで、マッサージのお仕事をしているおばちゃんが休憩室でこんな話をしていた。

「私のオーラは紫なんだって！　ヒーラーとか、人を癒《いや》す仕事の人に多いらしくて、すごく当たってると思った！」

　僕はすかさず話に入っていった。

「おばちゃん！　僕もオーラとか前世とか視《み》てもらいたいんだけど、誰に視てもらったの？」

「すごい先生がいらっしゃるから、今度の休みに紹介してあげるわ。一緒に行きましょう！」


　カウンセリング当日、その先生のお店にはスピリチュアル系主婦がたくさん集まっていて、健康によさそうなお茶を「これはすごいパワーだ」とか、そんな話をして飲んで、賑わっていた。

　僕だけ学ランで、たくさんの主婦に囲まれているのも気後れしたし、お茶にパワーは感じない。「お茶のパワーって、カテキン？　そんなにすごい葉っぱなら、そのまま喰えばいいのに……」とか思いつつ、場違いながらいい子にして座っていた。主婦の方々はとても親切にしてくれたし、僕もお上品にお茶をいただいていた。すると、誰かのカウンセリングを終えた先生が、茶飲みの輪の中に入ってきた。にこやかにみんなと会話をしていたが、僕と目が合うと目を丸くさせて言った。

「あなた……」

　僕はじっと先生の目を見ていた。先生は笑顔でこう続けた。

「龍がついてるわね」

　スピリチュアル系主婦たちはザワザワとした。中には「ほんとだ！　気がつかなかったわ」

とか「昨日私、龍の形の雲を見たばっかり！　不思議だわ〜」とか言う人がいた。龍の形の雲なんて毎日どこかで発生している。うるさい主婦たちだ。僕は先生の話を聞きに来たのだ。

「龍がついていたら何かいいことでもあるんですか？」

「あなたは、どこにいっても大丈夫ってことよ。大切にしてあげて。そしたらそのうち金色の龍になる」

僕はまだ、東京に進学することを伝えていなかったので、少し驚いた。「どこにいっても大丈夫」という言葉に救われた気持ちになった。「餌はなにをあげればいいのでしょうか」と聞こうか迷ったが、お口にチャックをすることにした。すると先生が言った。

「あなた、男性が好きなの？」

先生の顔はもはや、笑っていなかったが、僕はなるべくヘラヘラと笑って答えた。

「女の人が好きです」

だって、みんなの前だ。先生は真顔で僕を見つめた。その部分だけは触れて欲しくない！と心の中で念じると、先生は少し笑って頷いた。

「それじゃ、前世を視てみましょうか！」

先生に案内された個室は、暗くて狭いけど、いい香りがするせいか、リラックスしやすいようにできていた。ソファに寝そべるように言われ、指示に従った。先生は僕の前世を視始めた。

「フランス……。あなたは女性……。森を歩いてる……。ブドウを踏み始めた……。ワイン農

美人の津田っちと →

中学時代の写真はない。いい思い出がなく、捨ててしまった。高校は楽しかったけど、大人に不信感を抱いていた。ピースサインばかりなのは気持ちに蓋をしていたからかもしれない。

クラスの親友!
← 翔と

高校では、好きな同級生に「こいつといたら楽しい」と思わせたくて、不良っぽいことをしていた。下は専門学校時代の写真。あさみ（左）と映里（右）は、この頃も今も、何でも相談できる大切なともだちだ。

家の娘なのね……。次は日本……。神社が視える……。信心深いサムライ……。よく神社へ行ってる……。……。ちょっと待って、わかった。あなたの前世も……。その前の前世も……。今までの前世、ずっと孤独死してる……」

前世の透視はそこで終わった。前世を視てもらって解《わ》かったことは、僕の今までの前世はみんな「孤独死している」ということだけだった。

「孤独死」この言葉の重みほど、ショックは受けなかった。

全ての言葉を、他人事のように感じていて「へぇ～」としか聞いていなかったし、死ぬときは誰もみな一人じゃないか。それが自然の摂理だと高校生ながらに思っていたからだ。

僕の前世がみんな「死ぬまで独身だった」という意味なら、なんとなく理由は察することができる。いつの前世でも同性に片想いをしながら死んで逝ったのかもしれない。きっと、この僕の人生も、そうなるのだろうと思った。ちなみに、オーラの色はオレンジ色だそうだ。

ありがとう、さようなら、みんなみんな

自由奔放な高校生活を謳歌していた僕だったが、高校を無事に卒業することができた。

翔も、僕も、ギリギリの卒業だったと先生は言ったが、卒業には変わりない。僕は、生まれ育った北海道から東京へと旅立つことになった。

東京で一年間は男子寮に住むことが決まっている。最初は入寮の手続きなど、何かと親の協力が必要なので、母と二人で東京へ向かうことになっていた。

旅立ちの日、健康ランドで仲良くなったお客さんが大きな車を出してくれて、高校三年間クラスが同じだった翔や、恋のライバルだった愛、1組の由貴や3組のアッコが車に乗った。健康ランドのバイト仲間が空港まで見送りに来てくれるのだ。

小学生時代の女友達も僕の家までお別れに来てくれた。

空港へ向かう車の中はいつもと変わらないよう、笑いが絶えないように、みんなが気をつけていた。まるで、別れの悲しみなど、ないかのように。

「東京に行って、七崎がイヤな都会人になっちゃったらどうしよっか!」

翔が意地悪っぽい笑顔で言うと、愛がすかさず答えた。

「ななぴぃなら、すぐそうなっちゃうよ! 『愛は田舎臭いから、近くに寄らないでくれない?』って、私言われちゃいそう。最悪〜」

「ななぴぃがそうなったらなまらウケる!」

アッコがそう言って笑った。

「アッコ、東京では〝なまら〟って言わないいんだよ。そんな言葉を使うのは田舎者だからやめていただけるかな？」

僕がそう言うと、

「うわ〜！　もう都会人ぶってる！　なまらムカつく〜」

「〝なまら〟を、東京人はなんて言うんだ？　〝とても〟とか言うんじゃないの？」

「でもアッコはほんとに田舎者じゃん。だってアッコの家のまわり、夜になると真っ暗だよ？」

「やめて〜、なまらやめて〜」

アッコは由貴をぺちぺち叩きながら笑った。みんな口数が多く、はしゃいでいた。このメンバーでいると、くだらないことでもずっと笑っていられる。

それでも、別れのゲートが少しずつ近づいていることを、僕らはみんなわかっている。このメンバーではしゃぐことも、もしかしたらこれが最後かもしれない、誰もがそう思っていた。

ゲートに着くと、母は、見送りのみんなにお礼を言って「先に入ってるね」とゲートをくぐった。

僕はみんなとハグをした。

「笑顔で別れよう！」と約束していたけれど、最初に泣いたのはアッコだった。そのぐしゃぐしゃの顔を見ると、つられて涙があふれてきた。

「帰ってくる時は絶対連絡してね！」

愛がアッコに寄り添いながらそう言った。

「うん！　絶対連絡するね！　ありがとう！　行ってきます！」

僕は、何度も何度も、振り返りながらゲートに向かった。

母と二人きりで飛行機に乗るのは初めてだった。離陸してからも、僕は飛行機の窓からずっと北海道の大地を見ていた。十八年間育った広い大地。

「ありがとう北海道！　ありがとうみんな！　またいつでも帰ってくるからね」

飛行機は雲の中へと入って行った。

東京へ着くと、まずは寮へ行き挨拶をした。それから、必要な物の買い出しやら手続きなどを母と二人で済ませた。寮は個室といっても、シングルベッドと勉強机だけで、狭い部屋はいっぱいになっていて、お風呂やトイレ、洗濯室などは共同だ。食事は食堂でいただくことになっている。

北海道では雪が積もっていて、久しく見ていなかったコンクリートの道も東京では当たり前のようだった。

必要なことは一日でほとんど終わってしまったから、二日目はディズニーランドへ行くことにした。僕にとって、生まれて初めてのランドは眼に映るもの全てが夢にあふれていた。

「シンデレラ城ってこんなに大きいんだね！　初めて見た！」

「良輔は一回ここに来てるよ。まだ、お母さんのお腹の中にいたけどね」

「それじゃあ意味ないじゃん。お母さん！　あれ見て！　木が四角い!!」

四角く剪定《せんてい》された枝の樹に感動していると、昼のパレードが始まったようだ。

「お母さん！　今日はパレードがある、何かのお祭りの日なんだね！　なまらラッキーじゃん！」

「ここは毎日パレードしてるんじゃないの？」

「え！　毎日パレードしてるの！」


僕は何もかもに心を打たれ、テンションマックスだったのだけれど、お昼を過ぎた頃から、母は限界を迎えていたようだ。

「良輔、お母さん、こんな靴を履いてきたから、足が痛くて限界よ。もう帰ろう？」

「え〜、やだよ！　靴脱いで裸足で歩けば？」

「イヤよそんなの。もう帰りたい！」

「なんでそんな靴を履いてくるわけ？　信じられない！　お母さんとは、もう一生ディズニーランドには来ない！」

仕方がなくランドを後にした僕らは、寮の近くまで戻り、二人でご飯を食べた。この日の夜、母は北海道へ帰る。

僕はもう少し母と一緒にいたいと思っていたのだけど、心配性の母は飛行機が出る何時間も前に空港に到着していないと不安でしょうがないらしく、もう空港へ行くと言いだした。

空港まで送ろうとすると、母は「ここでいいよ」と言った。そして僕を見つめて「シッカリやんなさいよ！　じゃあね！」と言った。笑顔のつもりだろうが、涙を堪《こら》えているのがわかった。

履きなれない靴のせいで痛くした足をかばうようにして、駅の階段を上っていく、母の後ろ姿を見えなくなるまで見ていたが、母は一度も振り返りはしなかった。

第4章

初めてのことが、増えました。悩みもやっぱり、増えました。

猫が見ていた

東京での新生活が始まった。寮には、学校も学年もバラバラな五十名ほどの男子学生が生活をしている。食事の時間も、お風呂の時間も決められているが、五十名の寮生に対し、お風呂場なんかは六人入ればギュウギュウで、僕は朝こっそりと浴室に侵入し、シャワーを浴びることにしていた。幼い頃から、型にハメられることがとても苦手で、「一列に並べ!」と言われても、どう頑張っても絶対にはみ出してしまうような僕が、カッチリとルールが決められている寮生活に慣れるのはほとんど不可能だった。

それに加え、しばらくして気づいたのだが、どうやらみんな、お風呂で友達を作るらしく、寮の仲良しグループは、僕の知らぬ所で、すでにできてしまった。

なかでも一番ガラの悪そうなグループの近くを僕が通ると、その内の一人が僕を睨みつけていた。その時の僕は日焼けサロンに通い、髪の色も明るかったので「調子にのっている奴」と目を付けられたに違いないと思った。

東京には派手な人が多いと信じ込んでいたのだけど、どうやらそうではなかったみたいだ。

男子寮生活にも、学校生活にもなかなか慣れない頃、僕は部屋で一人、携帯の液晶を見つめていた。実家にいた頃には、親の目もあり、自分でもなんだか恐ろしくて見ることのできなかった男同士の出会いの掲示板だった。たくさんの人が書き込みをしている。

「男を好きな男の人」ってこんなにいるんだ！　日本に数人くらいだろうと思っていたけれど、もしかすると日本に百人くらいはいるのかもしれないと思えてきて興奮した。この東京にも必ずいる！　と考えた僕は掲示板に書き込みをした。

「僕は東京に住んでいます。近くに、会える人いますか？」

返信はすぐにきた。

「プロフ教えてください」

プロフって、プロフィールの略だろうか。

「名前は良輔、１９８７年生まれ18歳、北海道出身、Ｏ型、蠍《さそり》座、１７８センチ、57キロです」

「１６８．80．48．Ｐ16」

「え、どういう意味ですか？」

「身長、体重、年齢、ペニスの大きさだよ。俺、おじさんだけど、会ってもらえるかな？　家は秋葉原駅から近くなんだけど」

自分を「男の人を好きな男」かもしれないと思っていた僕は、同じような人と会って話ができればいいと思っていた。

「はい、是非。よろしくお願いします！　今から秋葉原へいきます！」

さすが東京だ。ゲイの人と会えるなんてとても嬉しい！　僕が今まで、誰にも相談できなかった、男の人を好きだったことや、もしかしたら自分がゲイかもしれないと思っていることを相談できるかもしれない。もしかすると、それを治す方法が見つかるかもしれないし、自分の中で受け入れることができるようになるかもしれない。とにかく、僕は秋葉原駅へと急いだ。

駅まで迎えに来てくれていたその人は、見た目、ただのおデブなおじさんだった。振る舞いや口調も、どっからどう見ても、ただの普通なおデブなおじさんで、ＴＶで見ていたような、ゲイのイメージとはかけ離れていた。ＴＶの世界でしかゲイらしき人を見たことがなかったから、僕の中で、ゲイというものは、騒がしくて、僕よりも女っぽい人のことだと勝手に思い込んでいたし、その人たちと自分が同じ訳がない、と思っていたのだ。だから今、目の前にいるこの人は本当にゲイなのだろうか、と不思議に思ったし、もしかしたら、僕が言われてきたみたいに、「ぶりっ子するな」とか、「男らしくしなさい」と教育され、男らしく演じることができるようになった人なのかもしれないと思った。

おじさんは話し方が丁寧かつ穏やかで、着ている服装などから、お役所勤めではないかと思えた。駅で会ってすぐに「僕の家に行きませんか」と言われ、一瞬戸惑ったものの、おじさんは、周囲の目を気にしているのだとすぐに気がついた。僕自身、自分がゲイかもしれない話をしたいのに、都会のカフェでは気が引けてしまう。世間の目から隠れるには、家に行くしかないと思い、僕はおじさんの提案に従うことにした。

彼のマンションへお邪魔すると、１ＬＤＫと狭めだけど綺麗な部屋だ。猫を飼っていて、その猫がまたおデブだ。ペットは飼い主に似るものだということを確信した。

この人はゲイで、誰にも相談できず、猫を飼って孤独を紛らわせ、ひっそりと生きているのかもしれない。そして、この狭いマンションで、誰にも気づかれずひっそりと死んでいくのだと思うと、気の毒な気持ちになった。もし僕も、この人と同じくゲイであれば、僕のこの先の人生を、おじさんが見せてくれていることになる。絶対に嫌だ。自分がゲイであることを受け入れられるかもしれないと思って来てみたが、余計に受け入れる訳にはいかないと感じた。

「全然、ゲイっぽくないですね。イメージが変わりました。僕には難しかったけど、男らしくしようと頑張ってるんですか？」

僕は素直に質問をぶつけた。

「ゲイがみんなＴＶに出ているような人ではないですよ。むしろ、僕の周りでは、普通っぽい、ゲイの人のほうが多いです」

「そうなんですね。初めて知りました」

「彼氏はいないんですか？」

彼氏がいるかなんて、聞かれるとは思ってもいなかった。だって彼氏なんか、できるはずがない。今までずっと片想いしかしたことがない上に、その片想いの相手には、すぐ彼女ができてしまう。そんな簡単に彼氏ができる訳がないじゃないか。

「彼氏なんて！　できたことないです。どうやって作るんですか？　今まで好きになった人には、みんな彼女ができてしまいました」

「ノンケに恋をしたらだめです。だって、そんなの辛いだけでしょう。この業界の暗黙のルールみたいなもので、ノンケに恋はしちゃいけないです」

「ノンケってなんですか？」

「ノンケは、ゲイじゃない人のことだよ。そっちの気《け》がないから、ノン気、ノンケ」

魔法族が非魔法族を「マグル」と呼ぶみたいなものかと思った。

「本当に何も知らないんだね。今まで、ゲイの人との交流は、なかったの？」

「ゲイの人なんて、今日初めて会いました」

「そうなんだ。でも会っていない訳はないんだよ。クラスに一人はいると言われているからね。みんな隠しているだけで。左利きの人と同じくらいの割合でいるんだよ」

「そんなに！　でも、僕、ほんとに気づきませんでした」

僕は今までのクラスメイトを思い浮かべたが、それらしき人はわからなかった。

「エッチはしたことある？」

おじさんの突然の質問に、僕は素直に答えることにした。

「女の人とはあります。高校時代ずっと好きだった人に、『せめて童貞を卒業してから東京へ行け』と言われて、そういうお店に連れていかれました」

「好きな人にそんなことを言われて、辛かったでしょ」

僕はうなずいた。初めて自分の気持ちがわかってもらえた気がして嬉しかった。

「男の人のを、触《さわ》ったことはある？」

「足に当たったことはあるんですけど、触ったことはない……です」

「触ってみる？」

そう言うと、おじさんはむくりと立ち上がり、自分のズボンを下ろし、僕の手を自分のトランクスの上にそっと置いた。心の奥底で、ずっと求めていたものがそこにはあった。もちろんハセのではないが、確かにずっと求めていたもののように思える。

置かれた手をじっとしていると、おじさんが興奮しているのを感じた。少し驚いたが、そういえば、この人は「男好きな男」なのだから僕に触られて興奮しているのも当然だ。

僕が、男性が好きなのかもしれないと気づいたとき、そんな人は日本には数人しかいないと勝手に思っていたし、他人のその部分に堂々と触れることなんて、ないまま死んでゆくと思っていた。だから、トランクスの上から触ってみることができただけで充分だった。

しかし、おじさんはこれで満足はしていなかったようだ。おじさんは、さらっとパンツを脱いでしまった。興奮状態の、自分以外のモノを見たのは初めてだったから、正直、困った。この先の展開を知ってみたい気持ちはもちろんあるけれど、まさかこんなことを経験する日が来るとは思っていなかった。

「男の人のを、どうしたらいいか、わかる？」

「いいえ……」

おじさんは、困惑している僕の服を脱がそうとしたが、僕はそれを遮った。

おじさんは「猫がいると気になるかな？」と言って、猫を廊下に連れて行き、ドアを閉めた。

ふと視界に入ったデブ猫が、興味津々といった様子で、僕とおじさんを見ていた。

「猫が……、見ています」

「ん？　どうしたの？」

「ちょっと待ってください……」


この日が、僕にとって、「男性との初体験」の日となった。

途中でおじさんは、「誰にも見せないから」と言って、別の部屋からビデオカメラを持ってきて撮影を始めようとした。

「ちょっと、待ってください」

「撮影されるのは、いやかな」

「猫が……、猫が戻ってきています」

おじさんが扉を開けたときに、デブ猫がするりと部屋に戻ってきていたのだ。おじさんは、また猫をつかまえると、ドアの向こうへと締め出した。

このリビングがきっと、猫の居場所なのだろう。

なのに締め出されてしまい、気の毒に思った。


すべてが終わったあと、おじさんは僕を駅まで送ってくれた。足ががくがくしていたけれど、僕は必死に歩いた。

「初めての経験、どうだった？」

「想像と違いました。それに……なんか、足ががくがくする」

おじさんは、お腹空いてるでしょ？　と言って、道端の屋台の焼き鳥を買って僕に渡した。駅まで一緒に行くと、僕はおじさんにお礼を言い、別れの挨拶をして改札の中へと入っていった。

電車に揺られながら、僕はさっきまでのことを振り返っていた。ゲイの人に会えて嬉しかったし、一生経験できないと思っていたことまで経験させてもらえて、焼き鳥まで買ってもらった。僕は、本当にラッキーだと感じていた。

だけど、自分がゲイだということを受け入れることはできなかった。

だって、自分がゲイだと認めてしまえば、自分に明るい未来はないことを、受け入れてしまうことになる。誰にも打ち明けず、ひっそりと、猫と一緒に生活するおじさんのように、僕はなりたいのだろうか。違う。憧れるはずがない。その時の僕は、むしろ気の毒な人だと思った。あのおじさんのような人生を生きるしかないのなら、消えてなくなったほうがマシに思えた。

僕は、将来、自分も幸せな家庭を築くものだと、物心ついたときから、無意識にそう信じていた。いずれは女の人に恋をして、結婚すればいい。いつか自分にぴったりの女性が現れるはず。僕は自分にそう言い聞かせた。

足はまだ震えていた。

デブ猫はもう、部屋に入れてもらえただろうか。

男子寮性活

僕の住む男子寮では、時々宴会が行われていた。みんな、お風呂で友達をつくってしまうから、寮の中で浮いていた僕は、一人でお酒を飲んでいた。お酒を飲むと気が大きくなってしまう僕は（だからついつい飲み過ぎてしまうのだが）、いつも僕を睨みつける人がいるグループに、僕から話しかけてみることにした。

「ねえ、どうしていつも僕を睨みつけるの？　何かしたかな？　すごく感じ悪いんだけど、やめてくれない？」

僕を睨むのはその集団の中の一人だけ。Nという奴だ。

「え、俺？　いや、だって、いつも一人でいたから、気になって見てただけなんだけど。俺、目が悪《わ》りぃんだよ。それで感じ悪く思ったんなら、悪かったな」

Nはなんの飾りっ気もない、地味な顔立ちだが、服の上からでもガッチリとした体型がわかるほど体格がよかった。そのグループで一番派手な人が言った。

「俺ら、仲良くなりたいってずっと話してたんだよ。でも風呂でも会わないしさ、名前なんて呼べばいい？」

「ななぴぃだよ。ななぴぃって呼んで。僕、大人数のお風呂が苦手でさ、だから朝こっそり一人で入ってるんだよね」

「そうだったんだ。ななぴぃ」

Nは、一緒に飲もうと、自分の隣の席を叩いて、僕を隣に座らせた。

お酒の勢いは時に必要だ。だが度がすぎると事故も起こる。この日、飲み過ぎた僕は、気づけばNの部屋のベッドに寝かされていた。起き上がるとNが僕を抱きかかえるようにして言った。

「ななぴぃ大丈夫か？　水飲むか？」

Nは小さな冷蔵庫から、ペットボトルの水を取り出した。

「ちゃんと覚えてる？」

「え、なにを？　なんで僕、Nの部屋にいるのかわからないや」

「ななぴぃ、酔っぱらって俺にベタベタしてきてさ、そのまま寝ちゃったんだよ。だから抱っこしたまま、俺の部屋まで連れてきたんだ」

最悪だと思った。お酒を飲みすぎると、自分がゲイだと疑われる要素を増やしてしまう。

「わぁ……、ほんとごめん。ああ……、飲み過ぎたわ。ごめんね」

「あやまんなよ。俺、嬉しかったんだ。ななぴぃは俺に睨まれてたと思ってたみたいだけどさ、俺、ずっとななぴぃのこと、可愛いなと思って見てたんだぞ。そんなななぴぃが、俺に甘えてきてくれて、俺、自分を抑えるのに必死だったんだからな！」

どうやら僕はまだ酔っ払っているらしい。僕に水を飲ませようとしているNをベッドに引っ張って、キスをした。長い長いキス。次に何をしたらいいのか、Nはわからなそうだから、僕が次に進めないといけないと思ったが、おじさんとの経験しかないし、あの時はおじさんがリードしてくれていた。この後どうするべきかわからない僕たちは、とにかくずっとキスをしていた。

「俺は男に興味はない……、絶対ないいんだよ。でもななぴぃは可愛いんだよ。俺、変になっちゃったのかな」

Nが困惑した表情で言った。

「僕もそう。男に興味はないと思うんだけど……わからない。僕が変なのかもしれない。Nは変じゃないよ、大丈夫」

Nを落ち着かせようと、そう言ってみたが、同時に頭の中でおじさんの指示が聞こえてきた。僕は、その声に抗《あらが》うことはできない。

寮は壁が薄い。両隣の部屋に声はまる聞こえだ。だからNは声を出さないように歯をくいしばっていた。

Nは僕にも同じことをしてくれたが、終わったあと、大きな罪悪感に苛《さいな》まれているようで、Nは「俺はおかしくなってしまった」と言って頭を抱えこんでしまった。

僕は僕で、お酒が抜けて冷静になっていくほど、ノンケであるNを汚してしまったと思えてきて、罪悪感がこみ上げてきた。なかったことにしようと思った。若さ故のお酒の失敗なんだと、Nにも自分にも言い聞かせた。だが、純情なノンケはめんどくさいことを言う。

「おかしいかもしれないけど、俺、ななぴぃが好きだ！」

「嬉しいけど……今日起きたことはお酒の事故だと思う。Nはなにも悪くない。僕のせいだから、とりあえず忘れようよ」

Nには将来がある。いずれ女性と結婚をして、子どもを持つ可能性は僕よりはるかに高い。将来の子どもや結婚相手に恥じるようなことを、してはいけなかったのだ。僕のことを好きになったとしても、今なら「一瞬の気の迷いだった」で終わらすことができるはずだ。

僕が自分の部屋に帰ると言うと、Nは「ななぴぃを抱っこして部屋まで送りたい」と言った。僕はNの言うとおり、お姫様抱っこをしてもらって部屋まで送ってもらったが、それ以来、Nを避け、Nと話すことはなかった。

これで懲りたと思いきや、僕は同じ過ちを、違う寮生にも繰り返してしまった。この後、三人も。もちろん同意の上だったが、寮にいづらくなっていったのは言うまでもない。僕が愚かだったのだ。

ハセと悩める共同生活

上京してから一年で、僕は男子寮を出た。お風呂や食事の時間帯などのルールに縛られるのが苦痛だったのと、やっぱり大勢の男の人に囲まれて生活するのに馴染めなかった。それに一番の理由は、僕が身体の関係を持ってしまった人たちと、気まずかったからだ。

何はともあれ、僕はこっそりと寮を出て、これから始まる一人暮らしの生活に備えていた。寮ではご飯を作ってもらえていたけれど（食堂で誰かに会うのが嫌で、ほとんど食べなかったが）、これからは自分でご飯を作らなくてはならない。実家ではほとんど料理をしたことがなかったし、誰にも教わったこともないから不安ではあったが、ご飯を作るのは意外と苦ではなく、どちらかというと、ハマりこむタイプだということに気がついた。失敗しても食べるのは自分な訳で、誰かに文句を言われることもない。難しいものは作れなかったけれど、カレーを作ると、次の日は、ナスを沢山入れたカレー、その次の日はドライカレーに挑戦！　と理科の実験のように楽しくチャレンジしていき、料理のレパートリーも増えていった。

そんな一人暮らしが始まって少し経った頃、ハセから電話があった。

僕は高校を卒業して一年が経った今でも、ハセへの想いを引きずっている。ハセの電話に出るのには、少し勇気が必要だった。なぜかというと、ハセに対して気まずいことが僕の中にあったからだ。

それは、僕が上京してすぐに、ハセと付き合っていたマミちゃんが亡くなったことだった。高校当時、ハセを横取りされたと感じていた僕の、マミちゃんへの嫉妬は計り知れなかった。マミちゃんをどれだけ憎しんでいたかは言葉にするのも怖いくらいだ。そのマミちゃんが亡くなったと知らされた時は、なんだか責任を感じたし、己の小ささを悟らずにはいられなかった。だからもう、ハセには顔向けができないと思っていたのだった。

勇気を出してハセからの電話に出てみると、久しぶりに聞いたハセの声は元気そうだったので少し安心した。どうやらハセは高校卒業後、北海道を離れ、愛知県で住み込みの仕事をしていたらしい。それでも、東京の学校への進学を諦めきれず、三ヶ月間東京の、僕のアパートに居候させてもらえないかという相談だった。今でもハセのことを好きな僕からしたら、ハセと一緒に住めるなんて願ってもない幸せだ。ハセが光熱費を出してくれるということで話がついた。

高校三年間と、上京してからの一年間、トータル四年間も片想いをしているハセと、一緒に住むことができるなんて、やっぱり僕とハセは運命で結ばれているとしか考えられなかったから、僕は一人、興奮していた。

上京して二年目、僕が十九歳の夏、六畳ワンルームのアパートで、大好きなハセとの共同生活が始まった。はじめは、ハセとの共同生活を楽しんでいた僕だったが、一緒に住み始めて何日かで楽しさより苦痛の方が大きくなっていった。なぜなら、ハセが無防備すぎるからだ。

狭いアパートでの二人暮らし。シングルの布団に二人で毎晩寝ていたのだが、ハセはいつもトランクス一枚とタンクトップという無防備な姿で、僕のすぐ横に寝ているのだ。

「ハセは友達だ……何も見てはならない、何も感じてはならない、何も触れてはならない」と自分に強く言い聞かせなくてはいけなかった。

それなのに、寝ているハセのトランクスに、テントが張っているのなんてしょっちゅうで、トランクスの隙間からテントの中身がチラ見えする。「見てはならない」と思いつつ、部屋に差し込む、街灯のわずかな灯りの中、目を凝らしてハセのテントの中身をつい見てしまう。四年間、想いを寄せ続けてきたハセが、僕の目の前にいるのにもかかわらず、僕はどうすることもできない。理性を失いそうになる。まるで、餓死寸前なのに食べ物を目の前に置かれ「待て！」をされている犬のような気分だと言えば、この状況の辛さをわかってもらえるだろうか。

僕がそんな状態にあるのにもかかわらず、ハセはお風呂から裸で出てきたり、プロレスごっこと称し、トランクス姿で僕の上にまたがったりしてくるのだから、ハセを好きな気持ちだけが膨らんでしまうが、僕はその気持ちを押し殺さなくてはならない。それがなんとも辛い。

それにもう一つ、ハセと共同生活をする中で、どうしても我慢ならないことがあった。それはハセが名古屋に行っていた間にできた、ハセの彼女の「ほっちゃん」のことだ。

ハセは毎晩寝る前になると、愛知県にいる彼女の、ほっちゃんに電話をする。ハセと彼女の会話なんて一切聞きたくないのに、同じ部屋にいるものだから、電話の会話がイヤでも聞こえてしまう。ハセの言葉だけで大体の会話の内容はわかってしまうのだ。ハセが毎晩、彼女に愛の遠距離電話をかけることに、ハセを好きな僕が耐えられるわけがなかった。

この日の晩もハセは彼女に、愛の遠距離電話をかけていた。

「いやだよぉ、ほっちゃんが言ってよぉ！」

「え〜、だって七崎がいるもん……」

「わかったよぉ『愛してるよ！』……はい、次はほっちゃんの番だよ？」

「なんで！　俺は、愛してるって、ちゃんと言ったじゃん！」

「あっそ。信じらんない。もう切るわ」

ハセはほっちゃんとの電話を切った。こんな茶番劇が毎晩、僕の目の前で繰り広げられているわけだから、この先の展開が、僕にはわかっていた。

案の定、思った通り。電話を切って五秒も経たないうちにハセの携帯が鳴った。ほっちゃんから電話がかかってきたのだ。ハセは少し嬉しそうな顔をしたのに、声は冷たく電話に出た。

「もしもし、なに？」

「うん、わかってくれればいいよ。俺もごめんね。……うん、愛してるよ。ありがと。おやすみ。……いやだぁ！　ほっちゃんが先に電話切ってよぉ！……じゃあ同時に切ろう？　せーの！……ハハ！　なんで切ってないの～」……。

反吐《へど》が出る。これが毎晩続くのだ。

このクソカップルの茶番劇を観ていると、自分の髪の毛をむしってしまいたくなる衝動に駆られる。それなのに、心のどこかで、ハセに「愛してる」と言われる、ほっちゃんが羨ましいと思ってしまう自分がいるのも事実だ。

ハセの洗濯をしてあげたり、ご飯を作ってあげたりしているのは僕なのに、ハセに「愛してる」と言われるのは僕ではなく、ほっちゃんなのだ。そう考えると、無性に腹が立ってくる。

僕は立ち上がり、電話中のハセの方へと近づいた。

「いやだよ～、俺はほっちゃんとの電話は切りたくな……」

僕はハセの携帯を奪い取って通話を切り、その携帯を床に叩きつけた。

「なにすんだよ！」

ハセが僕に叫んだ。僕も負けじと叫び返す。

「お前らの会話、キモいんだよ！」

「自分に彼女がいないからヤキモチだろ！」

「お前らみたいなキモいカップルなんてクソ喰らえ！　なんなんだよ、毎晩ねちねちと！　イラつくんだよ！」

「人を好きにならないお前にはわからないだろうけど、遠距離は大変なんだよ！　俺が近くにいてやれなくて、ほっちゃんがどんなに寂しいかわかるか！」

「そんなのどうだっていい！　ほっちゃんなんてキモい女、大っ嫌い！」

「ほっちゃんを悪く言うな！」

「うるせえ！　お前が一番キモいんだよ！」

その間も、ハセの携帯は鳴り続けている。できる限り軽蔑の念を込めてハセに言った。

「その電話、外でして。僕の前では一切彼女と電話しないで。もう気が狂いそう！」

「でも外は雨が降ってる！」

「じゃあいい！　僕が出ていく！　この、クソカップル！」

僕は怒りに任せて雨の中、外に飛び出した。

離れているから、ほっちゃんが寂しい思いをしているだと？　贅沢な女め！　僕なんか、毎晩隣に寝ていても、ハセが愛してくれることはないのに！　これまでも、これからも一生！

ハセを好きになってから、泣いたり笑ったり、怒ったり悲しんだり、たくさんしたな。

ハセを好きなこと、もう疲れたよ。ハセを嫌いになれたらいいのに……。


泊めてくれそうな、一人暮らしの同級生の家に行き、ベルをならした。

「はーい。あらななぴぃ、べしょべしょじゃん！」

「映里《えり》、今日、泊めてくれない？」

「実はハセから連絡きてたよ、そっちに行くかもって」

「ハセ」という言葉を聞くだけで心臓がもがれたような痛みを感じる。映里は僕にフカフカのタオルを手渡してくれた。映里は学校で一番仲のいい女友達だ。

「他にはなんか言ってた？」

「何でななぴぃが怒ったのか、わからないって言ってたよ」

「ハセが毎晩彼女と電話するのがムカつくの」

「なんでムカつくの？」

「だって……。内容がキモいんだもん……」

「泣くほどムカつく電話の内容なの？」

「内容もそうだし、ハセの彼女が嫌いなの」

「ハセの彼女のどこが嫌いなの？　何かされたの？」

「何もされてないけど、僕はハセの友達として……。とにかくほっちゃんが嫌いなの」

「でもハセは彼女のことが好きなんだから、友達として見守るしかないんじゃない？」

「イヤだね！　早く別れさせたい！　あのクソ女！」

「何かされた訳でもないのに、なんでそんなにハセの彼女のことを嫌いになるかがわからないわ」


映里は眉間にシワを寄せて、僕の気持ちを少しでも察そうとしていたが、どうにもよくわからないようだった。それもそのはず、僕がハセを好きなことは誰にも言ってないのだから仕方がない。僕の気持ちをわかってくれる人は、周りに誰もいなかった。だから僕にとって、ハセと同居した三ヶ月間は、苦痛でしかなかったのだ。

三度目の片想い

三ヶ月の同居生活はあっという間に終わり、ハセは東京の西の方に引っ越していった。喧嘩もしたが、ハセのことを嫌いになるなんて僕にはできなかったから、ハセがお礼を言って家を出て行くときは、すごく寂しい気持ちになった。ハセがこの部屋に残していったTシャツには、まだハセの匂いが残っていた。ただ、これを機に四年以上続いたハセへの片想いにもケジメをつけなくてはならないのだと、自分の中で、何となく、そんな気がしていた。

こんな大きな恋を忘れ去るには、何か違う壮大なことに熱中するしかない。そう考えた。そしてその頃、専門学校のメンバーで劇団を立ち上げることとなる。「劇団ヤミナベのキセキ」だ。まもなくして「劇団ヤミナベのキセキ」の旗揚げ公演が決定した。舞台の稽古にはかなりの時間を要する。そのおかげで、ハセが去ったことを悲しんでいるヒマは僕にはなかったし、その劇団内で、僕の新たな恋が始まることになるのだ。

舞台の主役は達也（達ちゃん）という男子で決まった。達ちゃんは、僕とクラスは違うのだが、舞台の稽古が始まってすぐに意気投合した。のんびりした性格で、シッカリ者の正反対というか、どこかヌケてるような感じの人だ。身長は僕と同じくらいあって、細マッチョ。普段は和歌山の独特な関西弁が可愛いのだが、舞台に立つと標準語になる。

ちなみに、僕はいつも主役にはなれない。悪い老魔女の役など、変わり者に配役されることが多かった。考えてみると昔から配役の運はなかった。目立ちたがり屋の僕はいつも主役を目指すのだが、小学生の時の『おおきなかぶ』という劇では、その題名から「かぶ」が主役だと思い、かぶ役を勝ちとったものの、台詞《せりふ》はひとつもなかった。

話がそれたが、今回主役に選ばれた達ちゃんは、稽古が終わった後はいつもウチに来ていた。一緒にご飯を作って、食べて、演技の相談などをしながら、時にはウチでお泊まりすることもあった。そんな達ちゃんに、だんだんと心が惹かれていったのだった。

「達ちゃん、今日もウチくる？」

「うん、ななぴぃ、ボク、今日はカレーが食べたいと、思ってた！」

「またカレー？　それなら今日はシーフードカレーにしてみない？」

達ちゃんと二人で、キッチンに立つ、このひと時がなんとも言えない幸せな時間だった。ただ、僕たちの作る料理は、時たま、思いがけない大失敗をすることもあった。

「おうぇ……マズイ！」

「ほんとだ……なんでだろう」

「イカの代わりに、ホタルイカを入れたのがよくなかったんじゃない？　カレーがなんか、生臭い……」

「大量に作っちゃったね。ボクが全部食べるよ。食べ物は粗末にできないもん！」

カレーに海のものを入れれば、シーフードカレーになるのだろうと思っていたのだが、そうではないようだ。食事の後は二人で片付けをしてから、一つの布団で眠った。

「男同士で手を繋いで寝るのって変じゃないかな？」達ちゃんが言った。

「変だよね？　でもいいじゃん！」

「まぁいっか！」

達ちゃんと泊まる時は、二人で手を繋いで寝ていた。達ちゃんから手を繋いでくることもあったから、もしかしたら、達ちゃんとは付き合えるのかもしれないという期待が膨らんだ。好きな人と手を繋いで寝るなんて、経験のない僕からしてみれば、最高の喜びだ。もう僕には達ちゃんしかいない。このままずっと、達ちゃんと一緒にいたい。そう思っていた。

ある日の晩、いつものように、達ちゃんとウチでご飯を食べていた時だった。近所に住む女友達のゆりが、ウチに遊びに来たのだ。

ゆりは同い年だけど、違う学校に通っていて、夜はキャバクラで働いて学費を稼ぐ、見た目が派手な僕の女友達だ。この時、ゆりと達ちゃんは初対面だったから、僕はお互いを紹介して、三人で色んな話で盛り上がったのだった。好きな人が近くにいてくれて、友達もいる。僕は幸せだった。

ゆりから、達ちゃんを好きになったと聞かされたのは、それから三日後のことだ。僕は言葉が出なかった。シッカリした性格のゆりは、達ちゃんみたいな、ヌケてそうな男をほっとけないのだろう。

行動が早いゆりは、僕が言葉を詰まらせている間に、あれよあれよと達ちゃんを手なずけていった。そして、間もなく、達ちゃんはゆりに言われるがまま、カップルになってしまったのだ。

達ちゃんにとって、ゆりは初めての彼女。二人の性格もあり、達ちゃんは完全にゆりの尻に敷かれ、全てゆりの言いなりだ。そんな達ちゃんを見るに堪えない。悔しくて震えた。それに、なんとも言えない自己嫌悪感が押し寄せてくる。だって二人を紹介したのはこの僕なのだ！

二人をカップルにしてしまったのはこの僕なのだ！　なんて間抜けなのだろうか。

達ちゃんを、女友達に横取りされた悲しみや喪失感はやがて、大きな怒りに変わり、その矛先はゆり、達ちゃん、そして僕に関わる全ての人に向けられた。そんなことをまだ知らないゆりは、達ちゃんとの出来事を、僕に相談してきた。

「ななぴぃに相談があるんだけど」

「は？　なに？」

「達ちゃんがさ、セックスが初めてだったらしくて、いざって時に勃たなくなっちゃって。そのくせ舐《な》めろとか指示出してきてマジでムカついたんだけど！　ヤバくない？」

ゆりは、あろうことか、僕に、達ちゃんとの夜の相談をしてきたのだ。僕は怒りと嫌悪感をあらわにした。

「ゆりに魅力がないからじゃない？　気の毒だけど、ゆりの素っぴんって、見れたもんじゃないよ。顔面に品がないって感じ。自分で気づかないの？　そりゃ誰だって勃たないよ」

一度怒りに火が付くと、とどまるところを知らない。そして、誰も手を付けられない状態になり、もちろん自分でも制御不能になる。心の中に天使と悪魔がいるとしたら、この時の僕は完全に悪魔に心を乗っ取られて、心の中の天使は留守になるわけだ。勘のいい人は、そうなっているときの僕には近づかない。だが達ちゃんは、いつものように僕に話しかけてくるのだ。

「ななぴぃ、おはよう」

「おはよう。ゆりとはうまくいってる？　あ、そうだ！　エッチの時、勃たなかったんでしょ？　彼女、ブスだもんね。だから気の毒だけど、せいぜい頑張ってね、このインポ野郎！」

クラス全員に聞こえるように言った。

達ちゃんに対するこんな攻撃が続くものだから、それを見ていた、同じ劇団員で正義感を振りかざすのが好きな男、いっしーが僕の所に来て言った。

「達ちゃんと、あんなに仲がよかったのに、何かあったの？」

「あったよ」

「俺でよかったら話聞くけど」

「大丈夫、ありがとう」

「でも、一緒に舞台やってるのに、達ちゃんに対してアタリが強すぎじゃない？　かわいそうだよ」

「へえ、そうなんだ。かわいそうなのは一方的に達ちゃんなんだね！　じゃあ僕はなんなの？　理由もなく、達ちゃんにアタる、ただの性格が悪い奴ってわけ？」

「理由があるなら言ってよ！」

「絶対言わない！　どうせ理解してくれない！　だから性格が悪いとでも、何とでも思ってくれていいよ、好きに言えばいい！　どうせ悪いのは僕なんだから、好きにさせといて！」

好きな人に恋人ができた喪失感、それを誰にも相談することができない孤独感、虚無、失望……。ネガティブな感情で心がパンクしそうだ。何のために生きているのだろうか……、こんなはずじゃなかった……。ただ、心の中ではわかってた。決断の時が来たのだと。

「認めます……」からのカミングアウト

東京に来てから二年目の秋。北海道の実家に比べて東京のアパートは寒い。大きなストーブがないからか、寒さの質が違うのか。確かに東京の冷たい風は、人の肌を細かく斬るような寒さに思える。今では、芯まで包み込まれるような北海道の寒さが恋しく思える。

僕は東京で何をしているのだろう。部屋でひとり考えていた。

東京で出会い、初めて好きになった達ちゃんが、僕の女友達と付き合ってから、僕は自分を許せない気持ちでいっぱいだった。

思い返せば、中学時代の司に始まり、高校時代のハセ、そして専門学校では達ちゃんと、僕は何度同じことで傷つけば気がすむのだろうか。一生こんなことを繰り返して生きていくのであれば、生きる意味はあるのだろうか。生きていても辛すぎる。

僕はどうして男の人を好きになってしまうのだろう。うまくいく訳もなく、いつも傷つくだけなのに。傷つくのをわかっていて、それでも男の人を好きになってしまうなんて、僕はどれだけバカなのか。自分でも呆《あき》れてしまう。

目に映る全てが、意味のない空っぽなものに感じる。この街も。この部屋も。この僕も。僕はなんのために生まれてきたのだろう。

「いつか女性を好きになる日が来る」「辛いのは今だけ」と長年自分に言い聞かせて生きてきたが、本当にそうなのだろうか。もう、いっそのこと、同性愛者だと自分で認めてしまえばどうだろう。本当はもう気づいているんだ。司も、ハセも、達ちゃんも、僕は大好きだった。きっと僕はこのまま一生、男性しか愛せないのだ。でも怖い。それを認めてしまうと、僕は自分を許せるだろうか。両親や友達は、そんな僕を許してくれるだろうか。きっと軽蔑されるに違いない。

でももう、認めた方が楽なのかもしれない。自分を否定し続けるのはもう限界だ。認めちゃおう。自分は同性愛者という生き物なのだと。あの孤独なおじさんと同じ部類の人間だってことを。そして、それを認めた上で、これからは、人を好きにならないように、気をつけて生きていけばいい。誰にもバレないように、気をつけて生きていけばいい。

「認めます……」

一人、寒いアパートの中で、僕は恐る恐る、小さく声に出した。自分は同性愛者なのだと、自分自身で認めた瞬間だった。このときから、自分に対して「いつか女性を好きになれる……」と言い聞かせる必要はなくなったのだ。

ある意味これで、「自分は男が好きなんだ」と開き直ったので、どこか少しだけ気持ちがスッキリした感じがした。

だが、気持ちの変化はそれだけではなかった。「結婚すること」や「家庭を築くこと」は男同士ではできないのだ。まだ十九歳そこいらの僕にとって、この先の人生で『結婚』という、一つの大きな選択肢が完全に途絶えてしまったのは、あまりにも悲しすぎる。

僕の未来は、札幌のスピリチュアルの先生が言っていた今までの前世同様に、孤独死が確定したのだ。

足元の地面がバラバラと崩れ、絶望の底に落ちていく感じがして、軽いめまいを感じた。

今は友達がいて寂しくはない。だけどその友達はいつか異性と結婚して家庭を築いていくだろう。そんな時、僕は一人、取り残されることが確定している。

きっと、みんなは、どうして僕は結婚しないのかと、尋ねてくるだろう。その時は「僕は一人が好きなんだ」とか「自分のお金は自分だけで使いたいから」と言おう。口が裂けても「男の人が好きだから」なんてことを言ってはいけない、決して、誰にも。

僕は今後、どんな時も、一人で強く生きて行くしかないのだけど、もし、それが本当に寂しくて、辛くて、耐えきれなくなった時は、最悪、死ねばいい。どうせ一人なんだし、死ぬのは怖くない。それよりも、誰にも愛されず一人ぼっちで孤独に生きるほうが僕にとっては辛すぎる……。

僕はそれから何日も、学校へは行かなかった。身体が動く気がしなくて、ただアパートの窓から外を眺めて過ごしていた。この先の人生や、世界のニュースも、なにもかもどうでもいい。学校なんかもっとどうでもいい。何のために東京にいるのだろう、東京なんてどうでもいい。

ただ、北海道に帰ったとしても、親や友達に合わせる顔がないから帰りたくもない。そんなつまらないプライドだけはあるのか。だがこの先、希望を持って生きていける気がしない。そもそも、希望ってなんだ。どこにあるのだ、そんなもん、元々ないのかもしれない。

数日間、こんな事を考え、ただ悶々《もんもん》として過ごした結果、母へ電話をかけてみる決断をした。なんとなく。もちろん、自分が同性愛者だと認めてしまったことは口が裂けても言わないつもりだ。母に電話をかけるなんて、いつごろからしていないだろう。

「もしもし、良輔、元気かい？　どうしたの？」

「元気じゃない。特に何もないいんだけどさ。元気ではない」

僕は言った。

「まあ、珍しい！　どうしたの？」

「わかんない。もしかしたら僕、鬱なのかもしれない」

息子から鬱かもしれないと告白されても、母は平然としていた。

「まぁ……。良輔、あのね、言っちゃ悪いけど、あんたみたいな人は、鬱にはなりません。それは、お父さんの方の血だと思うんだけど、お父さんも、あんたも、鬱になるはずがない人間なのよ」

「そうなの？　でも、ほんとにもう何もかもどうでもいいし、クソくらえ！　って感じ」

「あんたはいつもそう。『クソくらえ！』とか、すぐ攻撃的になるでしょ？　それは、あんたのおばあちゃんの血よ、もちろんお父さんの方のね。あんたはすぐカッとなるから、お母さん、それだけが心配。でも鬱にはならないから、それは心配してない。ただ、感情をちゃんとコントロールできるようになりなさいね」

母は遠まわしに何人かをディスったが、母の言葉には説得力と、僕を元気づける妙なパワーがある。

「自分の血と戦えってことね。でも鬱じゃないとして、どうしたら元気になれるかな？」

「あんた今、部屋の中が散らかってるでしょ。まずは掃除をしてみれば？　部屋は心を映すの。きっと遅い五月病みたいなもんよ、みんなあるの」

見渡すと確かに部屋は散らかっている。数日前から食器を洗うエネルギーもなく、ひたすら汚れている。

「よし！　掃除してみようかな。ピカピカにしちゃおうかな！」

「あんたのその切り替えの早さは、本当に素晴らしいことよ。羨ましいくらい。お掃除、楽しんでね」

何日も散らかりっぱなしだった部屋を綺麗に片付け、溜まったゴミを出した。お風呂やトイレも磨いて、お皿も洗った。部屋が片付いていくのに合わせて、心も洗われていく気がした。そして不思議なことに、ピカピカになったガス台や食器を見ていると、料理を作りたくなるものだ。何日も外に出たくなかったのに、気づけばシャワーを浴びて、髪をとかし、スーパーへ買い物へと出かけていた。

ご飯を作って、それを食べた後には「僕はゲイとして、一人でやっていけるかもしれない！」と思えるようになっていた。

きっと、辛いことはこの先まだまだ起こるだろう。だから、もっと図太くならなきゃいけない。誰よりも図太く生きてやる！　そう思えてきた、そんな時だった。友達から連絡が入った。

「あさみといっしーが別れたらしい」

あさみといっしーは、同じクラスの友達で、二人は一年の時から付き合い始め、今では同棲までしている、クラス公認のカップルだった。どうやらいっしーは、他に女を作って、あさみの元から去って行ったようだ。いっしーは、達ちゃんの件でも正義感を振りかざしてきたくせに、結局はそういう男なのだ。僕は元々好かないタイプだ。あさみを気の毒に思った。僕はあさみにメールを送った。

「大丈夫？　飲みに行く？」

駅近くのチェーン居酒屋で待っていたあさみの表情は、疲れていて、髪も乱れて見えた。失恋した女はこうなるのか。さっきまでの僕と、まるで同じじゃないか。

お酒を飲みながら、あさみの話を聞いた。

「もう、最悪だよ……。ウチで一緒に住んでた間、いっしーはお金がないっていうから、私が家賃を払ってたんだけど、いっしーはその間に隠れて自分だけ貯金してて、そのお金で出て行ったんだよ！　バイト先の女と！　もう本当最悪……」

「……好きな人ができたから別れてほしい！　本当にごめん！　って土下座されて謝られてさ……。聞いたらその時すでに、その女と付き合ってるんだよ。貸してるお金はちゃんと返してもらわなきゃと思うんだけど、どうしたらいいかわからない……」

どのくらいの時間、あさみの話を聞いていただろう。いっしーに振られたあさみは確かに気の毒なのだけど、少なくともいっしーと付き合っていた期間、あさみは幸せだったのではないだろうかと思えてきた。少なくとも、僕に比べれば、あさみは幸せだったじゃないか。好きな人と愛し合えて、同棲をして。僕からしてみれば、そんなことはキセキだ。

好きな人と、両想いになるってどんな気持ちなのだろう。

好きな人と彼氏彼女になるってどんな気持ちなのだろう。

好きな人とキスをするってどんな気持ちなのだろう。

好きな人と抱きしめ合うのってどんな気持ちなのだろう。

好きな人と一緒に住んで、生活をするのってどんな気持ちなのだろう。

そのどれも、僕はこれまでも、この先も、経験せず生きて行くのだ。あさみは気の毒だけど、僕にしてみればあさみは贅沢だ。

「……いっしーが初めての人だったから忘れられないよ。私、この先幸せになれる気がしない！　しばらく恋愛はできない。もう、辛すぎる……」

あさみは贅沢だ。好きな人といろんな経験をしてきた上に、振られたら話を聞いてくれる友達までいるのだから。僕にはそのどれもない。僕の方が不幸なのだ……「この先幸せになれる気がしない」なんて、僕の台詞だ！　そう思うと僕は頭の中が真っ白になっていった。自分の身体が自分ではないようで、気づくと僕は口を開いていた。

「何も言っちゃだめだ！」と心で叫んだが、今まで溜め込んだ想いが、口から言葉となって、あふれ出るようだ。自分の声が遠くに聴こえた。

「全然かわいそうじゃない」

「え？」

あさみはキョトンとしてしまった。

「あさみが振られたのは気の毒だけどさ。僕からしてみれば、あさみは贅沢だよ！」

「どうして？」

「あさみはいっしーと付き合えてたじゃん。好きな人を好きと堂々と言えて、好きな人と一緒にいれたじゃん！　好きな人とキスをして、セックスしたじゃん！　そんなの全部贅沢じゃん！　だって僕はさ、……達ちゃんが好きなんだよ！　そんなの誰にも言えないし、達ちゃんはゆりと付き合っちゃったじゃん！　僕、その前はハセがずっと好きだったんだよ、ずっとずっと！　そんな僕が、この先幸せになれると思う？　片想いばかりでバカみたいでしょ？　だからあさみは贅沢だと思う！　振られて傷ついてるのはわかるけど、グチグチ言ってんじゃねえよ！」

僕は取り返しのつかないことをしてしまったのだ。言うはずではなかった。頭が真っ白になって言葉が勝手にあふれ出たのだ。これは夢でありますようにと願ったが、やはりこれは現実っぽい。

あさみは少し、口をぽかんと開けて、何て言えばいいのかを考えているみたいな、間抜けな顔が数秒続いた。


「達ちゃん……。ウチの学校の？　あの達ちゃん？　ハセって……、一緒に住んでたハセくんだよね？」

「そう」

「うわ……。そんな！　ななぴぃ、それは、辛かったよね……」


「辛かったよね」の言葉をかけられた瞬間、涙が一気にボロボロとこぼれ落ちた。

そうか、僕は、ずっと辛かったのか。誰にも相談できなかった。怖くてずっと一人で抱えていた。あさみの目にも涙が溢れていた。僕の辛さがわかるというのか？

「僕、辛かった……。あさみにも……わかるの？　この辛さ……」

「わかるよ！　誰だってわかるよ！　そんなの辛いに決まってるよ！」

自分の気持ちなんて、誰にも理解してもらえないと思っていた。勇気を出して伝えたとしても、否定されてしまうだろうと思い込んでいたのだ。でもそれは大きな間違いだったようだ。

僕はいままでずっと、人を疑っていたのかもしれない。

あさみは僕の気持ちを理解してくれた！　僕の辛さをわかると言ってくれたのだ。人を好きになったことのある人であれば、大抵、悩みや苦しみはみんな似たり寄ったりで、理解し合えるのが「人間」という生き物なのかもしれない。人って、温かいんだ！

勝手に涙があふれてくる。今まで溜め込んだ心の澱《おり》が、涙と共に流れ出て行くようだ。酒と、ゲイと、振られた女の涙の宴は朝まで続いた。

僕の人生初のカミングアウトは意図したものではなかったが、あさみという理解者を得たことで、一人で抱えている時よりも格段に背負ってるものが軽くなった感じがした。

「好きでした。」初めての告白

あさみに、予期せぬカミングアウトをしたのをキッカケに、僕の中で恐怖はだんだんと薄れてきていて、カミングアウトをした人が優しい言葉をかけてくれる度に、それを自分のパワーに変えて、また別の人にもカミングアウトをしていた。

僕にとって主要な友達にはほとんど話せたし、地元北海道の友達にも話せるようになっていた。身近な人に、本当の自分を理解してもらえることや、自分を偽らなくてもよくなっていくのが、気持ちよくてたまらなかった。まるでカミングアウトをする度に、脱皮して、身体が軽くなっていくようだ。

僕にカミングアウトをされた人の中には「それを認めちゃうのは、ななぴぃのためにならない。だから、女の人を好きになる努力をしなさい」というようなことを言う人もいたけれど、その人はその人なりに、僕のことを考えて言ってくれているということを、理解できた。そんな人には「女の人を好きになる努力の方法」を尋ねてみるが、「それは、わからないけど」と、誰一人として答えられなかった。人が誰かを好きになる時、努力して好きになっている人はいないことがわかると、「やっぱり自分はゲイなのだ」とゲイとしてのアイデンティティが確立されていく。

自分がゲイだと認めた日から、僕は自分の過去を冷静に見つめることができるようになってきて、高校から、四年以上もハセに片想いをし続け、恋愛面では惨めな高校時代を過ごした自分を、かわいそうだと思えるようになっていた（当時は同性を好きになる自分を許せなかったのだ）。

そして、ハセに四年間の想いを伝えることができたら、過去の自分も報われて、ひもじかった悲恋の想いも浄化できるのではないかと考えるようになったのだ。

そのことを、高校時代の友人である由貴に相談すると、ハセへのカミングアウトに協力してくれることになった。由貴はその頃、大宮に住んでいたし、ハセは東京の西の方に住んでいたので、集まるのは簡単だった。

由貴がセッティングをしてくれて、新宿の居酒屋に三人が集まった。僕の向かいには由貴が座り、由貴の隣にハセが座った。食事をしながら高校時代の話に花がさく。

高校時代、ハセがよく、教室で、バスケットボールの上に立ちながら傘をさしていたことや、ハセが、仲のよい男子の、うんこしているところを個室の上から盗撮して「撮った〜♪」とトイレから飛び跳ねながら出てきたところを、先生に見つかって、携帯を没収されたことを由貴が「ほんとハセはバカよね〜」と話していた。

高校時代のハセの珍事の話で盛り上がる中、僕だけは「ハセにどうやって話を切り出そう」「もし気持ち悪いと思われたらどうしよう」と、どんどんネガティブになってしまい、食事の終盤までモジモジしていると、由貴がピシャリと言った。

「今日はね、ななぴぃからハセに話したいことがあるんだって。はい、どうぞ。ななぴぃ！」

話す時が来た。ハセは僕を見つめている。もう、言うしかない。でも、黙っていればこのまま友達でいられるのだ。言ってしまうとどうなるかわからない。でも伝えたい……。

「はぁ……、んー。やっぱり由貴が代わりに言ってくれない……？」

「え、私？　でも……こういう事は自分から言わなきゃでしょう。ななぴぃ頑張って！」

「でも……やっぱり……」

ハセはもじもじしている僕と、そんな僕を応援する由貴を交互に見ていた。

「ゲイなの？　なに？」

ハセは気づいていたというのか？　少し驚いたが、僕は「実は……」と言ってうなずいた。

ハセは「え」と言い、少し固まって、今までのことを頭の中で振り返っているようだ。

「マジか！　あ〜、マジか！……やっぱり……、だからか！　七崎！　お前ゲイだったのか！」

ハセは、僕がゲイであることに驚いてはいたが、「だからあの時……」と全ての出来事がいちいち腑《ふ》に落ちていく様子で、ハセも由貴も笑顔で、和やかな雰囲気のままだったことに救われた。

「うん……。もしかしてハセは、気づいてたの？」

「いや、俺。全然わからなかったけど……。今考えると、何で気づかなかったんだよ俺！　それに、七崎がゲイだって気づいてたら、七崎の隣で、パンツ一枚で寝たりしてないわ！」

ハセや由貴が、高校の頃と変わらず接してくれていることに僕は一安心していたし、これで満足だと思ったが、シッカリ者の由貴は気づいていたようだ。肝心なことがまだ伝えられていないということを。

「他にも、言うことがあるんだよね？　ななぴぃ言える？」

僕は首を横に振った。今僕の顔は青ざめて見えるかもしれないと思った。

「それじゃあ、私から言う？」

今度は首を縦に振った。「わかった」由貴は隣にいるハセに向かって座りなおすと、丁寧に言った。

「ななぴぃはね、ずっとハセのことが好きだったんだって」

「七崎が、俺を？」

「そうだよ。高校の時からずっとだって。ハセ、よかったね。そんなに長く想ってくれる人なんていないよ？　しかもこんな、ハセなんかを」

「やったー！　俺って男からもモテるんだな！」

ハセはお気楽な返事をした。緊張気味な僕を和ますためなのかもしれないが、「いやいや、男女問わずそんなにモテてはいないだろう」と言いたかった。

「最近、気がついたんだ、ゲイだって。ってか、本当は前から気づいてたんだけど、認めるのが怖くて、最近認めたって感じなんだけどさ。高校の時からずっとハセのことが好きで、一緒に住んだ時もハセが好きだったんだ。だから、ハセの彼女のことで、ハセにたくさん嫌なことを言っちゃったりしてごめんね……。きっと、僕の人生で一番好きになった人はハセだと思う。ハセ以上に好きになれる人なんて、この先、もう現れないと思うんだ。だから、自分のためにもハセにちゃんと伝えて、今までの気持ちを浄化させて、前に進もうと思うんだよね」

「七崎なら大丈夫だろ。……それよりお前、俺のことを好きだから、俺と津田さんをわざと引き離すようにしてたんだろう！　だから俺は津田さんとうまくいかなかったんだな！」

「津田っちは、ほんとにハセに興味がなかったんだよ！　今だから言えるけど、ハセの喋り方の真似して笑ってたんだよ」

「そんな津田さんも好きだ」

「ほんとハセってしつこいよね」由貴が言った。

「あ、でも、愛がハセのことを好きだった時は邪魔しようとしたわ。それに、ハセがマミちゃんと付き合った時なんて、マミちゃんを許せなかった。当時大嫌いだったよ。ハセを盗《と》られたと思ってたから」

「でもマミは、七崎のことを『いい人』って言ってたよ」

「ほんと？　よかった。反省してたんだ。マミちゃんを恨むべきじゃなかったって」

「当時のななぴぃ、ヤバかったよね。『あんなクソ女とさっさと別れなよ！』って毎日ハセに言ってたよね。毎日だよ？　私はそれを見てて、ななぴぃって、友達に対する独占欲が強いんだな～って思ってたの」由貴は懐かしむように、笑いながら言った。

「ハセを好きだったって聞いて、全て納得したよね。早く言ってくれればよかったのに。ね！」

「でもさ、高校の時、由貴に打ち明けていたとしたら、今みたく受け入れてくれてたと思う？」

「ん～、あ～。どうなんだろう。当時は皆、若かったし、今と状況も違うから何とも言えないけど、ななぴぃを嫌いになるって選択肢はなかったと思うな。けど難しい……。だから高校生のゲイの子って大変かもしれないね」

「そんなことより、俺は、津田さんのことを七崎に頼んだのは失敗だったな！　津田さん大好きだったな～。でも、津田さんがいなければ、七崎ともこんなに仲良くなってないだろうな！」

「津田っちのことばっかり！　ほんとしつこくてウザい！」

「ほんと。ハセってウザい」

三人は笑った。

この日の僕らは話が尽きることがなかった。僕は散々に飲みすぎてしまい、その後は三人でカラオケに行き、みんなウチに泊まったらしい。

次の日には、苦しい二日酔いが待ち受けていたが、それでも気持ちだけは晴れやかだった。

ハセに告白できたことによって、想いを寄せていた四年間、報われることのなかった想いや、同性を好きな自分を責め続けていた、負の感情をスッキリさせることに成功した僕は、なんとも言えない達成感に包まれていた。

ハセと付き合うことはできなかったけれど、自分の想いを伝えることができるなんて、思ってもみなかったことだったし、カミングアウトをしたことによって、大切な友達が減ることもなかったのが、どんなに幸せなことか。

由貴とハセのおかげで僕は、好きな人に好きと言える喜びを、生まれて初めて知ったのだった。

カミングアウトしてはいけない人!?

僕がカミングアウトをするようになったのは二十歳ごろだ。その頃僕は東京に住んでいたが、北海道の地元の友達何人かには、自分がゲイであることをカミングアウトしていた。

僕がゲイであるという噂は、地元の友人の間でみるみるうちに広がっていたのだが、僕にはどうしても自分がゲイだということを知られたくない人が一人だけいたのだ。

翔だ。彼とは、高校一年のクラスで出会い、その後三年間同じクラス、同じバイト、追試仲間である一番の男友達だ。翔はバスケ部のキャプテンをしていて、完全な負けず嫌いではあったが、テストの点数では、クラスの最低点数をいつも僕と譲り合っていた（どちらも赤点なのだが）。

試験の前になると皆が口をそろえてこう言う。「俺、全然勉強してねぇ、やべぇ」と。みんな嘘つきで、正直者は翔と僕だけだった。

僕は「きっと大丈夫。翔は裏切らない。翔よりは点数とれる気がする」と翔がいることに安心していたし、翔も同じことを考えていたと思う。その結果二人とも試験に敗れるのだ。

試験で8点を連発したときは、口の両端に泡を溜めながら喋る先生に「お前は七崎じゃなくて八崎に改名しろ。二人とも追試で60点以上とらないと留年確定」と言われた。高校留年だけは避けようと、翔と二人で朝まで寝ずに勉強し、そのまま追試を受けたことが何度もある。

翔と夜の公園で一晩中夢を語りあったこともある。翔はカリスマ美容師になって、映画スターになる僕の髪を切ってくれると約束したのだ。

どんなときも、翔と僕は励まし合いながら高校生活を送っていた。僕が東京へ上京する際の飲み会でも、翔は泣きながら応援してくれたし、旅立ち当日の空港にも見送りにきてくれた。

僕にとって翔は、かけがえのない親友なのだ。だが、僕がゲイだということは、絶対に、翔にはバレてはいけない。なぜなら、高校時代、どんな話の流れだったのかは覚えていないが、翔が言ったことを今でもハッキリと覚えているからだ。

「俺、同性愛とか、そういうの、ホントに嫌い。許せないんだよね」

この翔の言葉を、高校卒業後もずっと覚えていた僕は、自分がゲイであることを、翔にだけは絶対に隠し通さなければならないと思い、翔に噂が到達するのを恐れていたのだ。

しかし地元で噂は広まる一方。黙っていても、いずれ翔の耳に届くのは間違いない。そうなれば、僕は大切な親友を失うことになってしまう……。

何日も悩んだが、どっちにしても、翔に嫌われてしまうのなら、他人の口から伝わって僕の知らないところで嫌われているよりも、面と向かって嫌われよう。僕は翔に直接カミングアウトすることを決意した。

翔に電話をかけるとすぐに出てくれた。

「もしもし。翔？」

「おぅ、七崎。久しぶり！　元気か？」

「元気だよ！　今日は翔に話したいことがあって電話したんだ」

「どうした？」

僕は、もう一度覚悟を決め、一気に話した。

「実は僕、ゲイなんだよね。男の人しか好きになれないんだ。翔が昔、そういう人を嫌いって言っていたのを覚えてるから、嫌われたくなくて、ずっと言えなかったんだけど、噂が広がっちゃってて、他の誰かから翔に伝わるよりも、自分からちゃんと説明したくて電話したの。あ、でも、高校の時は、ずっとハセのことが好きだったから、翔に対して妙な気持ちを抱いたことはないよ。あ、でも翔は翔で、イケメンなんだけど、僕にとって翔は友達だったから……。これからも友達でいたいと思ってるんだけど……。ごめんね……」

僕がしゃべり終わるまで、翔は黙って聞いていた。この後、翔がどんな言葉を発するか怖かった。

「……。ん〜……。俺さ、ゲイとかそういう人を、嫌いって言った記憶がないんだけど、そんなこと言ったっけ？」

「うん、言ってた。それを覚えてるから、絶対翔には言えないと思って隠してたんだ。ごめんね」

「いや、そんなこと言ってたんだったらごめん。いや〜、正直驚いたけど、ほんとに言ってもらえてよかったと思ってる。……っていうかさ、俺、むしろすげースッキリした！　ハセのことがずっと好きだったの？」

「うん」

「じゃあ、俺も告白するけど、実はさ……、俺、ずっとハセに対してヤキモチ焼いてたんだ。

俺と七崎は三年間ずっと同じクラスで、俺は七崎を一番の親友だと思っていたのに、休み時間になると、いつも七崎は、わざわざ違うクラスのハセのところに行っちゃってさ。七崎にとっての一番の親友はハセなのかって、ずっとヤキモチ焼いてたんだよ。でもさ、七崎は、ハセのことを好きだったんだろ？」

「うん、そう」

「てことは、七崎にとってハセは好きな人で、一番の親友は俺ってことだよな？」

「もちろん」

「あ〜スッキリした！　マジで俺、ずっとモヤモヤしてたから！　ほんと、言ってくれてありがとう。これからも親友だよな」

「もちろんだよ。言えなくてごめんね」


電話を切った後、あっさり受け入れてくれた翔に対する感謝の気持ちと、今まで隠してきた後悔や、自分を許せない気持ちでいっぱいになった。

こんなにも、自分を大切に思ってくれている友達に対し、僕が勝手に「カミングアウトをしてはいけない人」のレッテルを貼っていたのだ。

「同性愛など、理解のできない心の狭い人間」だと心の奥底で翔を馬鹿にしていたのではないだろうか。そもそも僕は、友情というものを軽視している人間なのではないだろうか。自分はなんてちっぽけで、勝手で、視野の狭い人間なのだろう。

これまで僕は「この人はカミングアウトしても大丈夫そうな人」、「この人は偏見を持っていそうな人」と区別し、選んで話をしていたのだが、僕が勝手に判断できるほど、人間って生き物は、単純ではないのだ。それならば、僕はフルオープンで生きていこう！　僕はもう隠さない！　そう誓った。

翔のおかげで今の僕があるのだ。

親にカミングアウトしようと思った僕は自己中なのか

僕が母へカミングアウトをしたのは、二十歳の時だった。

その時僕は、すでに上京していて、両親とは離れて住んでいたから、年に一度あるかないかの北海道へ帰省するタイミングで、直接話したいと考えていた。

親にカミングアウトをするかしないかは、僕なりに、小さい頭脳で悩みに悩んだ。

その結果、一生隠し通すことは不可能だと考えた。いつかカミングアウトをするのなら、なるべく僕も両親も若いうちに、と考えたのだ。

だが、両親は二人とも、昔ながらの体育会系の人間だ。僕をスポーツ選手にたくましく育てたいと思っていた彼らは、息子がゲイであることを快く思うはずがないと思ったし、子どものころを思い返しても、僕がゲイであることを受け入れてくれるような親ではないように思えた。

当時小学校高学年だった僕にとって、前髪や襟足《えりあし》は命も同然だったのだが、ロン毛ではないまでも目に届く前髪が、両親（特に父）には許せなかったらしい。

「なんだその髪は！　今すぐ髪切ってこい！」

父は僕にお金を渡した。僕はお金を受け取ったものの、髪を切るのが嫌で仕方なかったので、泣いて反発をした。

「いやだ！　切りたくない！」

「なんでだ！　それがカッコいいとでも思ってるのか？　男はスポーツ刈りが一番いいんだ！　俺がバリカンでボウズにしてやってもいいんだぞ！」

「絶対いやだ！」

「カッコつけて髪伸ばして、チャラチャラしやがって！　お前は俺が一番嫌いなタイプの男だ！」

そんな言葉で僕がめげるはずがない。

「お父さんは、男はスポーツ刈りが似合うと思って短髪にしてるんでしょ？　それだってカッコつけてるじゃん！」

「俺はカッコつけたりしない！」

「本当にカッコつけない人は、他人の髪型にケチをつけない！　だって自分の髪型がどうでもいい人が、人の髪型なんて気にしない！」

子どもは理屈で責める。大人の常識では敵《かな》わないことがある。そして、大人はそれを口ごたえと叱るのだ。

「口ごたえするな！　いいから今すぐ髪を切りに行け！」

「わかった！　髪を切れば、文句ないんでしょ？」

「そうだ」

「髪を切ったらもう文句を言わないと誓う？」

「おう！　誓うから行け！」

僕は父にもらった二千円を握りしめて床屋に入った。目を泣き腫らし、ふてくされた僕に床屋さんは言った。

「どのくらい切りますか？」

「前髪と襟足を一ミリだけ切ってください」

「一ミリ？」

「そうです。一ミリでお願いします。難しければ五ミリでもいいです」

こうして、五ミリほど切った頭で家に戻ると、父は「金を返せ」と言ってきたがそれ以上怒ることはなかった。だが、髪型での喧嘩は頻繁に繰り返された。

僕が中学生の時にも「男」の定義で揉《も》めたことがある。

その頃、同世代の間で「ＣＯ２」という香水が流行っていた。それをつけているところを、父に目撃された時、父はこう言った。

「そんなもの、男がつけるものじゃない！　いいか、男の香水は『汗』だ！　女にモテたいなら汗を流せ！」

引いた。

確かに父はスポーツ万能で、学生時代も、実業団に入ってからも、汗を流していた。父がよく女性にモテていたことも、叔母から聞いていたし、想像もできる。だが、そもそも僕は女性にモテたくて香水をつけているのではない。もし仮にそうだとしても、僕は汗を売りにしてモテるタイプではないのだ。何から何まで、僕とこの人（父）とは違うのだということをイヤというほど学んだ瞬間だった。

ただ、その違いを乗り越えるには、お互いに、考え方の違いを認め合わなくてはならないと思うのだ。なんとかそれを父に理解してもらいたかった。

「お父さんはさ、なんで自分の意見を僕に押し付けるの？　お父さんと僕は考え方も価値観も違う。でも僕は、お父さんの言う、スポーツしている人たちや、お父さんのことも一度も否定したことはない！　なのにお父さんは僕を否定する。なんで？　なんで僕は否定されなきゃいけないの！」

そこに三つ下の妹、しぃちゃんが現れた。妹は僕と違い、スポーツが得意でバドミントンに打ち込んでいた。妹と父は家族の中でも、よく二人でタッグを組む、仲良しコンビだ（父は妹にゾッコンで、妹はお父さんをうまく利用する天才なのだ）。

「くっせぇ！　お兄ちゃん、香水つけてモテようとしてる～。カッコつけ男～」

妹は「お兄ちゃん、香水くせぇ」と唄いながら、ダンスまで踊りだした。

「お兄ちゃん、くせぇよな～？　しぃちゃん」

「くせぇ～カッコつけ男～」

厄介な人間が二人になり、僕一人では敵わない。そこに僕の味方が現れる。母だ。

「もう、やめなさい二人とも。良輔も年頃なんだから、香水くらいつけるでしょ。（父に向かって）あんただって学生時代、女にモテるためだけに、ギターを弾こうとしてたじゃないの。それに、しぃちゃんだって大人になったら香水くらいつけるのよ」

「えー、やだ～。くっせぇ～じゃ～ん」

「しぃちゃんは、バドミントンの選手になるもんな～？」

この時、僕は、妹が色気づいた時には、めちゃめちゃバカにしてやろうと心に誓ったのを今でも覚えている。


まずは母にカミングアウトしようと思った。なぜなら、母はいつも味方でいてくれたから、理解してくれる可能性が一番高いと考えた。

だけどもまだ、自分の中で悶々としている。言うべきか、言わないべきか。どちらが正しい生き方なのか判断ができずにいたのだ。そこで僕はイマジネーションを働かせた。

親にカミングアウトした未来（メリットとデメリット）と親にカミングアウトしない未来

（メリットとデメリット）を挙げていくのだ。

カミングアウトをしたら、間違いなく母は落ち込み、悩むだろう。もしかしたら、自分の育て方のせいだと、自分を責めるかもしれない。何年も何十年も。いや、それどころではなく、落ち込みすぎて、自殺してしまったらどうしよう。耐えられない。そこまでならなくても、もしかしたら縁を切られるかもしれない。

メリットは今後自分を偽らなくてすむことだ。認めてくれた場合、彼氏を紹介したりすることができるかもしれない。

カミングアウトしない場合、親が傷つくことはない。このまま愛されて生きていくことができる。デメリットは自分を偽り、ずっと隠しゴトをしている気分でいつづけることだ。彼氏を紹介することもなければ、永遠に「いつ結婚するの?」と聞かれ続けるかもしれない。そして、僕が独り身だと心配しながら親は死んでいくのだ。

どっちもどっちだった。

次は、問題を、もっと広い視点から考えてみることにした。

そもそも、なぜ親にカミングアウトすることを、躊躇《ちゅうちょ》しているのだろうか。僕がゲイであることは別に悪いことではないし、誰の責任でもないはずだ。でもカミングアウトをすると、親を傷つけてしまうから躊躇しているのだ。

ではなぜ、カミングアウトされた親は傷つくのだろうか。それは同性愛=普通じゃない。よくない。かわいそう。気持ち悪い。変態というネガティブなイメージがあるからではないだろうか。そのイメージを変えていきたい。僕は将来、ゲイとして幸せな家庭を築くのだから。

それならば、ごちゃごちゃした問題は置いといて、僕にとって、一番素晴らしい未来はどんなものだろうと想像しよう。僕にとって最善の未来、それは、僕の隣にはステキな旦那様がいる。お正月には彼の実家へ、お盆には僕の実家へ帰省するとかを話しあって決めている。家族の行事（葬儀や結婚式）にも、僕の隣には当たり前のように旦那様がいる。お互いの家族や友達に支えられ、旦那と二人で生きている。これが僕の一番の理想なのだ。

そうとわかれば、もう迷う必要はない。自分の一番の理想が現実となるように、努力するしかないのだから。腹が決まったと思った。まずはお母さんにカミングアウトしよう！

だが、悩みぬいたはずのその決心は、周りの意見に簡単に振り回されてしまうこととなった。次の帰省で親にカミングアウトすることを周囲の人に話すと、反対する人が多くいたのだ。

「なんのために親にカミングアウトするの？　親を傷つけるだけじゃないか」

「自分を偽らなくて済むためだけに、親を悲しませるなんて自己中じゃないか」

「いい人ができて、日本で同性婚が認められてからカミングアウトした方がいいんじゃないか」

「私が息子からカミングアウトされたら、ショックすぎる。ななぴぃは友達だからいいけど、それが息子だと考えたら知りたくはない」……。

みんな僕を想って言ってくれているのはわかっている。だけど、そんな話を聞いていると、まるで自分の親を傷つけてでも、自分の生きやすさや、自分の幸せを優先させる悪人のように、自分が思えてきてならなかった。ただ、ゲイに生まれたことを、親にも知ってもらいたいだけなのに。

親にカミングアウトしようと思った僕は、自己中なのか。たしかに、自分の理想の未来のために、親を傷つけるなんて、自己中としか言いようがないのかもしれない。


一度は母親へのカミングアウトを決意した僕だったが、またもや何が正しいのかわからなくなってしまった。僕はもっとたくさんの人の情報が必要だと思い、ネットで見つけたゲイ向けのイベントに参加をして、年上のゲイの人にも話を聞いてみることにした。ありがたいことに、そういったコミュニティが多くある時代に僕は生きているし、この頃の僕はそういった集まりに、抵抗なく参加することができるようになっていた。

「そんなの親に言って、理解してもらおうなんて、甘い考えだ。親も所詮は他人、自分は自分でいいだろう。だからそもそも、言う必要がないじゃないか」

「僕は、親には一生黙っていようと誓った。だけど親は、最期まで僕が独りでいることを心配しながら死んでいきました。本当はパートナーがいるのに。若いうちに言えばよかったと後悔しています」

こんな人もいた。

「私こんなんだしさ！　親も気づいているだろうと思って、ペロペロ〜ってカミングアウトしちゃったわけ！　そしたら全く気づいてなかったみたいで、縁、切られたわよ〜」


世の中には、親にカミングアウトをして後悔している人もいれば、カミングアウトをせずに後悔している人もいるのだ。ますますどうしたらいいのかわからなくなってしまったまま、北海道に帰省する日が訪れた。僕の心は迷ったままだった。


帰省一日目、僕は高校時代の友達の家に招待されていた。恋のライバルだった愛の家だ。高校時代の友達も、愛の家族も「ななぴぃお帰り！」と言って出迎えてくれた。この日は串カツパーティだ。

愛の家族が、好きな具の串をその場で揚げて食べられるように準備をしてくれていて、それぞれの具には丁寧にプレートが置いてある。

「おくら」「うずらの卵」「豚串」……。具が書かれているプレートの一枚に僕の目は奪われた。

「松茸」と書かれたプレートだった。

由貴や翔らも、それに気づいているようだが、串揚げにするにはあまりにも高価な食材すぎて手を出せずにいたのだ。それに気づいた愛のお父さんが言った。

「みんな、松茸食べないの？　美味しいから食べてごらん」

「いいんですか！」とみんな大喜びで松茸串に手を伸ばす。僕も一つ揚げて食べてみた。外はカリカリの衣で、中からジューシーなキノコ汁が口の中に広がった。

「どうだ、松茸、うまいだろ？」

「美味しいです！」とみんながありがたそうに食べているのを、愛のお父さんは嬉しそうに見ながら、こう言った。

「でもな、それは『エリンギ』だぞ！　はっはっはー！　みんな騙されたな！」

松茸なんて普段口にできない僕らは、お茶目な愛のお父さんにすっかり騙されてしまったのだった。

「人生そんなもんだぞ！　あるもので、いかに幸せに生きるかだ！　はっはっはー」

愛のお父さんは、会社の経営者で社会的に成功している人だが、嫌味がなく、僕らのような子どもにも目線を合わせて会話をしてくれる人だ。昔からそうだった。高校の同級生がよく、愛のお父さんに、悩みを相談していたのを思い出した。

僕は、今回の帰省で親にカミングアウトをしようか悩んでいることを、愛のお父さんに話した。

「昔、ななぴぃに聞いたら、違うって言ったの、覚えてるか？　高校生のとき」

愛のお父さんは言った。

「え、僕、覚えてない！」

「ななぴぃは男が好きなの？　って聞いたら、ななぴぃは、違うって言ってたんだよ、昔は」

「言ってた言ってた。私たち、ななぴぃはまだ隠したいんだね、って話してたのよね」愛のお母さんが言った。

「僕自身、気づいていたけど、認めたくなかったんだと思います。あの頃はね……」

「そうだよな、そう思ってたよ。それが、今ではここまで堂々と生きてて！　おじさん、嬉しいんだよ！」

「ありがとうございます。でも親に言ったら悩ませてしまうと思うんです。だから、どうしたらいいかわからない！」

「親が悩むのは当たり前、それでいいんだよ。子どものことで悩むのが親の務めだし、趣味みたいなモンなんだよ。子どもがどうなっても悩む人は悩むんだよ」

「でも、言わなければ、親が悩まなくて済むでしょ？　言いたいけど、言いたいからって親を傷つけていい訳じゃない。そんなの自己中でしょ？　親が死ぬまで、黙っていた方がいいのかもしれない。所詮、親だって他人なんだし……」

僕は自分が言われてきたことを、そのまま自分の意見のように愛のお父さんに話した。愛のお父さんは、少しショックを受けたようだった。

「俺がななぴぃの親だったら、絶対言って欲しいよ。親は他人じゃない、親だよ！」

愛のお父さんは、どうにか親の気持ちを伝えたいようだった。

「悩んだって苦しくても構わない、子どものことなら、なんでも理解してやりたいんだよ。もし、そんな大切なことを、俺が死ぬまで隠されていたなら、俺は、死んでも死に切れないよ！自分を責めるね、なんで気づいてやれなかったんだって」

言ってもらいたい言葉を、愛のお父さんが全て言ってくれたような気がした。やっぱり親へのカミングアウトは僕の自己中な行為なんかではない。自分のため、親のため、明るい未来のために、僕は進まなくてはならないのだ。

この社会では僕のような同性愛者に対しての知識がまだまだ足りない。知識がないから理解ができない。理解が足りないから偏見があって、偏見から差別が生まれる。そんな社会なのは本当に仕方がないことなのだろうか。そんな社会だってことをいつまでも前提にして行動を制限していたら、世の中いつまで経っても変わらないじゃないか。

「親へのカミングアウト」＝「親を悲しませる」と決めつけるのはやめよう。もしかしたら、息子にカミングアウトされた親が、喜ぶ時代が来るかもしれない。僕の親はそのタイプかもしれない。だってゲイであることは不幸なことではないのだから。母へのカミングアウトをする決意が固まった。

北海道に帰省して二日目の早朝、家族はまだ夢の中だが、僕は一睡もせずにお酒を飲んで、気合いを入れていた。飲んでも飲んでも酔いが回ることはなかった。ついにその時がきた。僕は寝ている母を少し早めに起こした。

「お母さん、起きて。話があるんだ」

「なにー？　後にしてよー」

母はまだ寝ていたいと言った。でも二人きりで話せるのは今しかないかもしれない。

「大事な話なの」

母は何かイヤな予感がしたのだろう。むくっと起き上がり、怪訝《けげん》そうな顔で僕を見つめた。

「なに？　なんか怖いんだけど」

母と二人でダイニングの椅子に向かい合わせで座った。

「あまりショックを受けないで欲しいんだけど……」

「え、なに。学校辞めたの？」

「ううん、辞めてないよ」

「じゃあなに？　誰か妊娠させた？」

「誰も妊娠させてないよ！」

「じゃあなによ。早く言って。こっちはドキドキするんだから」

「あのー……、僕は、男の人が好きなの、昔からなんだけど。それをちゃんと伝えておきたくて。僕はいわゆる……ゲイなの。男の人しか好きになれない。だからって、病院に連れてっても無駄だよ、治るものじゃないし、治すものでもないんだからね。でも僕はそれでいいと、最近やっと思えてきたの。自分を受け入れることができて、今は幸せ。それを伝えておこうと思って……」

母は大きなため息をついた。両ひじをテーブルに突き、両手で顔を覆った。「頭を抱える」とはまさにこのことだと思った。長い沈黙が続き、その間、母は何度も大きなため息をついていた。僕からは何も言えなかった。とりあえず母の出方を待つしかないように思えたからだ。

母はうつむいたまま、僕と目を合わせようとはせずに口を開いた。

「それって、本当に治らないの」

「治すものではないし、治らないよ」

また、ため息をつく母。母は普段、滅多にため息をつかない。うつむいたまま、感情を整理しているように見えた。

「でも、エイズになるんじゃないの？　男同士で……ほら、そういうことをすると」

母はエイズという病が、感染症ではなく、男同士の性行為が原因の病だというふうに信じていた。

「男同士っていうだけで、ＨＩＶに感染するわけじゃないよ」

「そう……」

また沈黙が流れた。母が、何か昔のことを思い出しているように思えた。

「お母さんの育て方で、僕がゲイになった訳じゃないよ」

「そんなこと思ってない。私のせいだなんて思わない。ただ……今思い出した。あんたのばあちゃん。私の死んだ母さんが、あんたのこと、そうだと言ってたわ……あんたがまだ小さい時にね……。母さんはわかってたんだわ、あんたのこと……。でも私は、母さんに腹が立った。だから『何でそんなこと言うの！　私は、まともな子を産んだんだ！』って母さんに言ったの……まともな子を……」

母は泣き出してしまった。苦しそうで、悔しいような泣き方だ。僕だって悔しい。親を泣かせてしまうセクシュアリティに生まれてしまった。誰も悪くないはずだ。母も。僕も。だけど、母も、僕も、涙が止まらなかった。


「私はちゃんとまともな子を産んで、まともに育てた！　だから私のせいだなんて言われたくない！」

「お母さんのせいじゃないって言ってるの！　誰のせいでもないんだよ。僕はまともだし、ただ、僕は同性しか好きになれないってだけ。それだけ！　それをわかってほしいし、認めてもらいたかったから言ったの」

「認められるわけがないじゃない、そんなこと！　甘えないで！　無理よ！　私だって、親に自分の性癖なんて話したことはない！」

「これは性癖なんかじゃない！　なんで認めてくれないの！」

「それは無理よ。私は認めたくないし、この世の中だって認めてない」

「世の中は認めてくれない！　だからこそ、まずはお母さんが認めてくれたら、僕はすごく楽になれる！」

「悪いけど、諦めて。それに、あんたみたいな人に対して、社会は厳しいに決まってる。だからそのことは、誰にも言わずに生きていきなさい。墓場まで隠し通すの。わかった？」

「それは無理だね！　なんで、社会のせいで、僕が隠れて生きなきゃならないの！」

「あんたが傷つかないようにと思って言ってるの！　社会からどんな目で見られるか、あんたはその怖さがわかってない！　傷つくのはあんたなの！」

「僕はこれまでも、お母さんの知らないところでイヤと言うほど傷つけられてきた！　今までずっと耐えてきたの！　でも僕が一番辛かったのは、暴言や暴力を受けたことじゃない！　自分で自分を殺したいほど、自分のことが大嫌いだったこと。それが一番辛かった！　でもやっと、この歳《とし》で自分を受け入れられるようになってきたの！　だからお母さんにも受け入れてもらいたいだけ！　社会に受け入れられる前に、まずはお母さんに受け入れてもらいたいの！」

「受け入れられるわけがないよ、それは無理。そんなこと、なんで私に言ったの。イヤな気持ちになる！　そんな話をされて、喜ぶ人はいないでしょ。あんたの友達だってそんなこと言われたら、みんなイヤな気持ちになる！　少しは相手の気持ちを考えなさいよ！」

「今まで誰にも言えずに一人で抱えて生きてきたよ。二十年間も！　またそう生きろと言うの！」

「みんなイヤな気持ちになるだけでしょ！　私だって今すごく辛い！　一人で抱えろとは言わないけど、誰にでも話していいことではないでしょ！」

「本当の自分のことを話したら、みんながイヤな気持ちになるなんて、僕は一体なんなの！　人を化け物扱いしないで！」

「大人になりなさい。自分のことばかり考えないで！　もう話は終わり」

空が明るくなっていた。母は朝ごはんの仕度を始め、僕は自分の部屋に戻り布団に入った。何時間寝ただろう。お母さんが部屋に入ってきた音で目を覚ました僕は、うまく目が開かないことから、顔が腫れてしまっているのだと察しがついたが、母も同じように泣き腫らした顔をしていた。父と妹はどこかに出かけたようだ。

「あんたが……良輔が、辛かったね」

母の腫れた目からまた涙があふれた。どうやら僕の涙も枯れてはいないようだ。

「辛かったよ。でも、僕はもう大丈夫だから。お母さんにまで辛い思いをさせて、ごめんね」

「私よりもあんたが……良輔が辛かっただろうなって、思ってさ」

「僕は今、幸せだよ。だけど、こんなふうに、自分を認められるようになるまで二十年かかったんだ。だからお母さんもきっと、僕がゲイだということを認めるのには、時間がかかるよね」

「そうだね、わかってやりたいけど、難しいわ。何年もかかるかもしれないし、一生わかってやれないかもしれない。だけど、あんたに対する想いは変わらないから」

「ありがとう。安心した。巻き込んでごめんね。でもあまり悩まないでね。悩まれると僕も辛いから」

「悩むさそりゃ。でも北海道と東京で、離れて住んでるんだから、あんたは自由にやりなさい。でも、申し訳ないけど、あんたの、そのことに関しては、もう言ってこないで。あんたが、どんな人と付き合おうと、なにがあろうと、私には言わないで。私とあんたは、母と息子、それだけ。それ以外のことは知りたくないから」

「わかった」

「でも、いつでも応援してるからね」

母はこう言ってくれたのだけど、母へのカミングアウトは、失敗だったように思えてならなかった。言えばスッキリするものだと思っていたが、そうはならないどころか、カミングアウトしたことを後悔すらした。

なんだか気まずい距離ができたように感じたし、母に説得され、父へのカミングアウトは断念せざるを得なかった。母は、「お父さんは絶対、縁を切ると言い出す」と言うのだ。僕自身は縁を切られるのも覚悟の上で父に話したかったが、それでは間に立たされる母がまた辛い想いをする羽目になる。それならばと、僕は父へのカミングアウトを断念したのだ。

母と僕の間に、なんとなく空いてしまった穴は、この後七年もの間、埋まることはなかった。

第5章

つき合うって、嬉しいことだ。
つき合うって、苦しいことだ。

コマ劇前のひとめぼれ

自分がゲイだということを認めることができて、友達にカミングアウトをするようになってからも、生活自体は変わらなかったし、変えたいとも思っていなかった。

母へのカミングアウトの前に参加した会もそうだったが、一人暮らしの今ではネットでさまざまな情報を覗くことができる。ゲイのコミュニティが、スポーツや音楽、人権系のイベントなど、さまざまな分野で存在していることは知っていた。新宿界隈《かいわい》で出会いメインの飲み会が行われているのも知ってはいたが、参加をするのは少し怖いと思う気持ちがあった。

僕には、自分を受け入れてくれるたくさんの友達がいるし、夢もある。それだけで十分だと思っていたが、僕みたいな人間が、普通に社会で生活していても、なかなか（恋愛面で）いい出会いがあるわけでもない。

「一応、どんな集まりがあるのかだけ調べてみよう」と、自分に言い訳をしながら携帯で検索していると、「二十代イケメン限定。飲み会」という文字を発見してしまった。詳細を見てみると、開催日は今日だ。

僕の心は揺れていた。「二十代イケメン」という文字に心がウハウハしている。イケメン限定なのに、自分が参加を申し込むなんておこがましいだろうかとも思ったが「イケメンの定義は人それぞれ」と自分に言い聞かせ、恐る恐る、幹事に写真つきメールを送信した。

「初めてなんですが、参加を迷っています。まだ行けるかわからないのですが、参加希望です。二十一歳です」

幹事の対応は速やかだった。

「はじめまして、幹事の○○です。イケメンやね。君みたいな子が多く集まるから是非来てな。三十名ほど集まる予定。十八時に新宿のコマ劇前で待ち合わせです」

僕みたいな子……。それが三十名……。僕は参加を迷っていたくせに、気がつくとシャワーを浴び終え、ヘアアイロンとワックスで髪をセットしていた。

髪の毛のセットに時間をかけすぎた割に、気に入らず、髪を洗い直して、結局ニット帽をかぶり、ギリギリの時間の電車で新宿へ向かう。期待と緊張で胸が震えていた。

僕が待ち合わせ場所に着いた時には、やっぱり時間をちょっと過ぎていて、そこにはもうたくさんの人が集まっていた。

「すみません！　遅くなりました！」と走って輪の中に入ると、幹事のおじちゃん（二十代イケメン限定なはずが幹事はどう見ても四十そこらのおっちゃんなのだ）が「よう来てくれたな〜。待っとったで〜」と声をかけてくれた。

僕が加わり、さあ、会場へ向かいましょうかと出発しかけたとき、後ろから声がした。

「すみません、俺も参加します」

太くて、ある程度低い、とてもいい声だと思った。振り返り、声の主を見つけ、僕は驚いた。

「ゾロじゃん……」と思った。

その声の主は『ONE　PIECE』に出てくるゾロというキャラクターにそっくりなのだ。特に似ているのは、あの鋭い目つきと髪型かもしれない。日焼けをしていて、ガタイがとてもいい。この人と仲良くなれれば嬉しいな、と思った。

会場は大きな四角いテーブルがひとつあり、自由席だ。みんなモジモジと、どこに座ろう……と悩んでいるのを横目に、僕は誰よりも先に座った。そしてこれにはちゃんとした理由がある。先に座れば、僕を少しでも「いいな」と思った人が隣に来るわけで、そのほうがいろいろと話が早いじゃないか。みんなはノロマだと思った。

「ゾロに隣に来て欲しい。ゾロに隣に来て欲しい」と願ったが、チェック柄のシャツを羽織った理系男子と、茶髪で小さくて可愛い風の子が僕の隣の席に着いた。ゾロは僕に興味がないのだと思ってがっかりしたが、不幸中の幸いで、ゾロは僕のまん前に座ったのだ。

一次会の間、ゾロの飲みっぷりは男前で、僕はゾロと話が盛り上がった。

ゾロの名前は拓馬だ。年上だと思っていたが、僕より若く、バスケットボールをしていて、よくウチの近くの体育館にも来ているそうだ。今度ウチに遊びに来たいと言ってくれた。

それに浮かれた僕もカパカパと酒がすすむ。一次会の席でこんなに飲んだのは、僕と拓馬くらいだった。


二次会の会場もここから徒歩五分くらいの場所に用意されていて、もちろん僕は拓馬と一緒に二次会会場へ向かおうと思っていたが、拓馬は僕に「ちょっと待っていてください」と言い、幹事のおじちゃんの元へ戻っていった。どうしたんだろうと思い、拓馬を目で追っていると、拓馬は「荷物、俺が持ちますよ」と幹事の荷物を持ってあげたのだ。

この拓馬の姿に僕は完全に心打たれてしまった。


二次会の席は拓馬の隣になった。僕は、完全に拓馬をロックオンしていた。他にも拓馬を狙ってそうな人が二、三人いたが、恋がたきは多いほど僕は燃えるようだ。

「拓馬くんの膝の上に座りたい」

「全然いっすよ！」

これで邪魔者はもう割り込めない。僕が拓馬の膝の上に座ると、拓馬は僕のおなかあたりに腕を回して、ぐっと体の方に引き寄せてくれた。僕の耳元で拓馬が言った。

「俺、良輔さんがガチでタイプなんです」

「え、ほんとに？　じゃあ、なんで、一次会の時、僕の隣に座ってくれなかったの？　僕は拓馬くんに隣に来て欲しいと思って先に席を決めたんだよ」

「え！　だって、隣に座っちゃったら、良輔さんの顔が見れないじゃないですか。だから俺、勇気を出して正面に座ったんですけど……。それに、集合時間に遅れて来た良輔さんの後に、なんで俺が遅れてきたかわかりますか？」

「なんで僕が集合時間に遅れて来たのを知ってるの？　拓馬くんは僕より後に来たよね？」

「俺、実は、ずっと待ち合わせ場所を見てたんっスよ。こういうイベントって初めてだったから、どんな人が来るのかわからなかったし。待ち合わせの時間が過ぎたとき、タイプの人がいなかったから、俺、帰ろうとしてたんっスよ。そしたら、良輔さんが走って来るのを見て、俺も参加しなきゃ……って思ったんっス」

僕と拓馬はキスをした。軽いキスを何度も。周りの目など気にならなかった。こうして僕と拓馬の恋は始まったのだ。

マイケル&チップ

新宿での合コンイベントでお互い一目惚れをした拓馬と僕は、その二日後に再会することになり、僕の家の近くのカフェで待ち合わせることになった。新宿では、お酒の勢いもあって、膝の上に座り、キスを連発していた僕たちだったが、今は地元のカフェでコーヒーを飲んでいる。少し気まずい沈黙が流れたが、帰りに缶ビールを買って、僕の住むアパートで飲み始めた頃には、すっかり新宿合コンの続きが始まっていた。告白したのは僕からだった。拓馬も喜んでくれて、たくさんのキスをした。

「一緒にお風呂に入ろう！」と言い出したのも、僕からだったかもしれない。初めて裸を見せ合うのを、お互い照れくさいこともあり、電気を消して、蠟燭《ろうそく》の明かりで入ることにした。お互いの裸を見たのはほとんど同時だった。僕はただただ、開いた口が塞がらなかった。

筋肉質なガタイのいい身体にも劣らない！　何もかもデカイ！　僕なんかのソレは、普段付いていることを忘れてしまうようなサイズなのに対して、拓馬のソレは「こんなのが、ぶら下がっていたら、重たいでしょ！」って心配するレベルなのだ。

お風呂で思わず「やば！　デカ！」と叫んでしまった僕に、拓馬は少し恥ずかしそうに「そうかなぁ……」。良輔は、ちんこも可愛いんだね」とお褒めの言葉をいただいた。

そして僕らは、お互いのソレに名前までつけ合ったのだ。

拓馬のには『マイケル』と、そして僕のには『チップ』と。

マイケルとチップも仲良しになり、二人で眠るころ、拓馬が言った。「俺、今が幸せすぎて、ガチで怖い……」

確かに僕らは初めて会ってからトントン拍子でことが進んだ。怖い気持ちはわからなくもない。僕も拓馬も幸せに慣れていないのだ。

「そうだね。でも幸せな時は、幸せをたっぷり味わえばいいんじゃないかな？　この先何かあった時には、二人で力を合わせて乗り越えればいいんだよ」

「でも……、カップルってさ、最初に飛ばしすぎると、長く続かないってよく言うじゃん。だからさ、今がこんなに幸せでいいのか心配なんだよ……。良輔のこと信じていいんだよね？」

「もちろん！　二人で楽しくやっていこうね！」

拓馬は、見かけによらず意外にも心配性なのかもしれないと感じたが、あまり気にはしなかった。拓馬は週のほとんどをウチで寝泊まりするようになって、僕と拓馬との半同棲生活が始まった。

拓馬のトラウマ

拓馬との半同棲生活が始まって、間もない頃だった。拓馬はスポーツ系の専門学校に通っていて、その日は学校の友人らとの飲み会があり、帰りが遅くなるとのことで、僕は何日かぶりに一人の夜を過ごしていた。

一人の時間も大好きな僕は「楽しんできてね」と拓馬を送り出し、ビール片手に大好きな海外ドラマを連続で観て、幸せに浸っていたのだった。

それから数時間か経ったとき、急に玄関のドアが「バン！」と開いた。そこには息を切らした拓馬の姿があった。

「お！　おかえり。飲み会、始まったばかりじゃないの？　早すぎない？」

「良輔……、何してんだよ！　なんで連絡つかないんだよ！　携帯見ろよ！」

携帯を開くと三十件以上も拓馬からのメールや着信が表示されていた。

「あ、ごめん。海外ドラマ観ててさ、集中しちゃってた。で、何の連絡だったの？」

「何もないけどさ、連絡取れなくて、俺、心配で心配で……飲み会始まったばかりだったのに、飛び出して来ちゃった。ガチで走った……」

「そんなことだけで、飛び出して来ちゃったの？　飲み会代もったいないじゃん！」

「でも俺、もしかしたら良輔が、俺がいないからって、違う男を連れ込んでるかもしれないとか考えたら心配になって。俺がいない間に浮気されてたらどうしようって……。……俺、頭おかしいかな……」

拓馬はなんだか申し訳なさそうに言った。

「拓馬は心配性なんだね。少し驚いたけど、頭おかしいとは、全然思わないよ。携帯見てなくてごめんね。僕もなるべく拓馬に心配かけないように努力するよ！」

「ほんと？　嬉しい。……あのさ、お願いがあるんだけど、あの合コンで知り合ったゲイの人たちのアドレスを全部消して欲しいんだ……。そしたら俺、安心できるかもしれない！」

「メアドを？……それで拓馬が安心できるなら、消しても別にいいけど」

「ほんと？　俺のわがままでごめん。ありがとう！」


せっかく知り合ったゲイの人たちのメアドを消すのは正直辛かったが、僕にとって今一番大切なのは目の前にいる拓馬なのだと思った。友達ならまたいつでも作れるだろう、人生のステージが変わる度に、仲のいい友達も変わっていく、そんなもんだ。でも拓馬はこんな僕を愛してくれる、唯一の存在だ。拓馬が僕を信じて、安心してもらえるようになるまで頑張ろうと心に誓い、なるべく拓馬の連絡には早く気がつくようにしようと思った。


それでも拓馬とは、喧嘩も数え切れないほどした。そのほとんどは拓馬の小さなヤキモチや嫉妬から始まることが多かったと思う。

その頃僕は専門学校を卒業し、一般の仕事についていた。なるべく、拓馬に心配をかけないように気をつけて生活をしていたつもりだったが、拓馬からしてみると、疑わしく思えてしまうことが、たくさんあったのだ。

例えば、こんなことがあった。

「〇月〇日、新宿に行ってただろ！　何しに行ったんだよ！　なんで俺に黙って新宿に行ったんだよ！」と拓馬が急に言いだしたが、僕には新宿に行った記憶がないのだ。

「新宿行ってないよ！　なんで僕が新宿に行ったと思うの？」

拓馬は答えようとしなかったが、問い詰めるとしぶしぶ答えた。拓馬は、僕の電車用ＩＣカードを勝手に持ち出し、駅で乗車履歴を印刷してきていたのだ。僕はこの時まで知らなかったが、電車に乗った駅や通った改札まで、ＩＣカードに履歴が残っているのだそうだ。

見せてもらった僕の乗車履歴には確かにその日、僕が新宿駅で降りていることが記録されている。でも新宿に行った記憶がない。なぜだろうと、乗車履歴とにらめっこをしたところ、その理由が判明した。

僕は仕事の打ち合わせなどで、明大前駅へ行くことが何度もあったのだが、明大前駅から直通の電車に乗ると九段下駅まで来ることができて、そこで乗換えができる。だけど、間違えて明大前駅から新宿止まりの電車に乗ると、新宿駅で一度改札を出て、外をかなり歩いて乗換えをしなくてはならないのだ。

拓馬が疑っていたのは、僕が乗る電車を間違えて、新宿駅で一度改札を出ていたからだったのだが、それが拓馬にとっては僕が誰かと新宿で会って浮気をしたかもしれない……という不安になってしまったようだ。

そんなことで疑われて、僕も腹が立つ。しかもＩＣカードを勝手に持ち出しているのだ。僕は拓馬に信じてもらえるように少なくとも努力をしてきた。でも拓馬はどうだろう。僕を信じようと少しでも努力をしているのだろうか。そんなことを思うと、怒りが込み上げてくるし、大好きな彼氏からずっと信頼してもらえない切なさも同時に込み上げてくるのだ。そんなことからの言い争いは日常茶飯事だった。

浮気を疑われて、束縛されることで、愛する彼氏に信用されない辛さはあったのだけど、一番辛いのは拓馬なのだと僕は知っていた。誰よりも拓馬自身がそれを悩み苦しんでいた。

付き合って間もない頃、二人でベロベロになるほどお酒を飲んだ時に、拓馬は、自分はなぜこんな嫉妬と束縛をするようになったのか、きっかけと思われる話をしてくれたからだ。


拓馬に物心がついた頃、拓馬のお父さんとお母さんは離婚をしている。ただ、幼い拓馬には大人の事情も、離婚というものが何なのかも解っていなかった。

涙ながらに出て行くお父さんの後ろ姿を見送った後、拓馬はお母さんに聞いたそうだ。

「パパはどこに行ったの？」

するとお母さんはこう答えたそうだ。

「拓馬が言うことを聞かないから、パパは出て行ったんだよ。拓馬がいい子にしていなかったから、パパはもう帰ってこないよ」

拓馬はそれから毎日自分を責め続け、父親に対し自責の念に苛《さいな》まれたという話だった。

「俺、あの経験があるからか、大切な人が俺から離れて行っちゃうんじゃないかってどうしても思っちゃって、良輔のことも心配で仕方ないのかもしれない……。良輔、本当に、ごめんな……。こんな俺、嫌だよな……」

拓馬は鋭い目から大粒の涙をボロボロと流しながらそう話した。

もちろん拓馬自身も大人になり、離婚がいけないとは思っていないし、離婚の原因が自分にあったとも考えていない。お母さんも人間だし、当時のお母さんは今の僕らと同じような歳だったから、その時抱えていたストレスも想像ができる。誰も悪くない。だけど、子どもの頃のトラウマを払拭するのはなかなか大変だということを、僕は拓馬の頭を撫《な》でながら知ったのだった。

だから、僕の努力で拓馬が過去のトラウマと決別することができて、また人を信じられるようになるのなら、できる限り拓馬と向き合っていこうと考えたのだ。そうこうするうちに、僕らが付き合ってから、二年の月日があっという間に流れていた。

サプライズウエディング

拓馬と付き合って、二年が過ぎた僕らの誕生日間近に、学生時代の友人である映里から連絡があった。

「ななぴぃと拓馬くんの誕生日を同時にお祝いしようと思って、お店を予約しといたよ！　いいお店でドレスコードがあるので一番いい服を着て来てほしい」

その当日、拓馬と二人でスーツを着て、待ち合わせ場所に向かうと、ドレスアップした映里がビデオカメラを片手に言った。

「実は、今日は、ななぴぃと拓馬君の、サプライズ結婚式を企画しました！」

「ガチっすか！」

「どういうこと？　誕生日だから食事をするって言ってなかった？」

「サプライズでーす！　ななぴぃが前にカミングアウトしてくれた時にさ、『いつか自分も結婚式をしてみたかった』って、夢を話してくれたよね？　私たちはななぴぃのその夢を叶えたいと、ずっとずっと思っていたの！　さ、みんなが待ってるから行きましょうか！」

僕たちはまず、控え室に通された。ここで身支度をするようだ。映里は先に会場に行くと言い、行ってしまった。しばらくすると会場のスタッフが現れ、僕と拓馬を先導してくれた。

大きなドアの前で立ち止まると、会場の中からは、僕が初めてカミングアウトをした相手である、あさみの声が聞こえた。

「皆様、大変長らくお待たせいたしました。ななぴぃと拓馬君の準備が整いました。お二人の入場です！　盛大な拍手でお迎えください！」

沢山の拍手が聞こえた。五、六人に祝われるのだろうと勝手に想像していたのだけど、一体、何人来ているのだろう。

結婚行進曲が流れ、スタッフが扉をゆっくりと開くと、拍手の音が大きくなった。眩しいライトの中、目を凝らすとドレスアップした僕のたくさんの友達が、僕たちに笑顔で拍手を送っているのが見えた。涙を流している友達もいる。ゆりや達ちゃんの姿も見えた。専門学校時代のクラスメイトや他のクラスの人まで、合わせて三十名くらいだろうか。拓馬は誰にもカミングアウトをしていないので、僕の友人しかいないが、こんなに大勢の人に祝福されるのは初めての経験だ。

今までゲイとして生まれたことを責め続けて、ゲイだから自分は幸せになれないと決めつけて疑わなかった僕。そんな僕が今、たくさんの人の前で、愛する拓馬と手を繋ぎ、溢れんばかりの祝福を受けている。涙で視界が曇った。祝福の拍手の中、バージンロードを進むと、涙の向こうに、あさみの姿が見えた。僕のカミングアウトはあさみから始まったのだ。そのあさみが、教会のシスターの衣装を着て大きなロザリオを首からぶら下げている。目が合った瞬間、僕は吹き出してしまったが、あさみは「だめだ、やばい……」と目頭をハンカチでおさえた。

あさみが気を取り直すように言った。

「私がお二人の挙式を執り行います。いいですね？」

拓馬も、シスターがあさみだということに気づき笑った。僕らはうなずいた。

「みなさん、私たちは今、ななぴぃと拓馬君の婚姻の儀に集いました……」

泣き出しそうになるシスターあさみを、友達が応援した。

「あさみガンバレー！」

あさみは大きくうなずいた。

「では、拓馬君。あなたは、このななぴぃを、健康な時も病の時も、富める時も貧しい時も、よい時も悪い時も、愛し合い敬い、なぐさめ助けて変わることなく愛することを誓いますか?」

「はい、誓います」

「はい。それではななぴぃ、あなたはこの、拓馬君を、健康な時も病の時も、富める時も貧しい時も、よい時も悪い時も、愛し合い敬い、なぐさめ助けて変わることなく愛することを誓いますか?」

「はい、誓います!」

「それでは指輪交換をします! まずは拓馬君からななぴぃへ、指輪をはめてください」

映里が指輪を拓馬に渡し、拓馬が僕の薬指にそれをはめた。

「それでは、ななぴぃから拓馬君へ、指輪をお願いします」

僕は映里から指輪を受け取り、拓馬の薬指へと通した。

「それでは、誓いのキスを、お願いします!」

拓馬は人前で男とキスなんかしたことがなかったので、少し戸惑っていたが、そっと僕の顎に手を当て、唇にキスをした。また大きな拍手が湧き起こる中、シスターあさみが声をあげる。

「二人を夫夫《ふうふ》と宣言します! おめでとうございまーす!!」

披露パーティに移って、乾杯の挨拶は、専門学校を卒業しアイドルとして活動している友人がしてくれて、友人代表スピーチ、ケーキカットや、シャンパンタワー、全員参加のゲームイベントが行われた。

今までの人生で一番幸せな日だと思った。本当に素敵なサプライズだった。僕は、映里にカミングアウトをした時、映里が言ったことを忘れはしない。自分はゲイだと伝えた後、僕は映里にこう話していた。

「僕はいつか結婚式をしたかったけど、ゲイだからそれは叶わないんだ。みんながいつか、結婚していくのを見守るしかない。友達がみんな結婚したら、僕は一人になっちゃう。寂しい人生、孤独死決定なんだ」

映里はそれを、歯を食いしばりながら、だまって聞いていたが、最後に自分の意見を話してくれた。

「そんなのななぴぃらしくない！　私はさ、ななぴぃこそ、誰よりも幸せにならなきゃダメだと思う！　今後生まれてくる、ななぴぃみたいな人たちのお手本になれるように、ななぴぃ自身が幸せにならなくてどうするの！　幸せになることを諦めちゃダメだと思う！」

映里もこの時のことを覚えていて、このサプライズプチ結婚式を企画し、僕の夢を全て叶えてくれたのだ。

そんな映里と、のちに立ち上げたのが「ジュエリアス（Juerias LGBT Wedding）」という、小さなウエディング会社だ。どんなカップルでも、安心してウエディングができるようサポートする会社だが、このサプライズ結婚式がキッカケと言っても過言ではない。

結婚式の運営だけではなく、法的に婚姻が認められていないために起こりうる弊害を、可能な限り排除するための公正証書作成に向けた法律家の紹介や、生命保険、不動産、死後の問題など、それぞれの企業と連携してサービスを提供し、イベントや勉強会なども行っている。


もともと、一般的な会社で営業マンをしていた僕は、当時、とても肩身の狭い思いをしていた。営業には関係のないところで「男らしくしなさい」と、やはり言われてしまうのだ。カバンの持ち方、座り方、話し方……。小学生の頃の担任が言った「このまま大人になると困るよ」というのは、このことだったのだろうと痛感した。自分らしくいられない辛さは、大人になってからも、僕に重くのしかかっていた。どうすることもできない僕は、自分に「社会不適合者」のレッテルを貼った。そして僕は、「社会不適合者」として会社を去った。

会社を辞めた後は、会社で辛い思いをしていた時よりも辛かった。この社会に自分の居場所なんてないように思えて、居場所がないのは、自分に価値がないからなのだと、己を責める日々が続いていた。そんな矢先に友達がプレゼントしてくれたのが、このサプライズ結婚式だった。

確かに、僕にとって、まだまだ生きづらい世の中なのであるのは間違いないし、ゲイとして生まれた幸せの数よりも、苦しいことの方が多い気がする。それでも幸せになることを諦めてはいけないと、この結婚式で、たくさんの友人が僕に教えてくれた。

だから僕は貪欲に自分の幸せを追い求めなくてはならない。そして、より多くの同性愛者を含む、セクシュアルマイノリティと呼ばれる人たちが、自分の幸せを掴もうと動いたとき、社会はきっと、少しは寛容になっているはずだと思ったのだ。

どんな人でも「幸せになろう」とする人を応援したい。そう思い、立ち上げたのが「ジュエリアス」で、こうした思いが経営理念にも大きく影響している。映里が先頭に立ち、用意してくれたこのサプライズ結婚式が僕の生き方を、そしてその後の人生を変えたのだ。

変わらぬ嫉妬

サプライズ結婚式の後も、僕と拓馬の生活は、今までとあまり変わりなく過ぎていった。今まで通り、喧嘩もしながら、和気藹々《わきあいあい》な生活。そんなある日、仕事中に、拓馬からメールがあった。

「今日は俺、実家に泊まるわ」

「わかった」とメールを返し、僕は誰もいない家に帰宅した。家の鍵を開けて、玄関で靴を脱ぎ、部屋の電気をつける。そして海外ドラマのＤＶＤを再生し、買ってきたビールを飲みながら一人の時間を過ごした。

三十分くらい経ったただろうか。ＤＶＤを一時停止し、トイレに行こうと立ち上がった。トイレのドアを開けて、トイレの電気をつけた瞬間、僕は悲鳴をあげた。

誰もいないはずのウチのトイレに、男が座っているのだ。それが拓馬だと気づくまでには数秒かかったし、その前に僕はその場で腰を抜かしていた。冷静さを取り戻すのには時間がかかった。

「なにしてるの！」

「テスト」

「なんの！」

「俺がいない日に、誰か男を連れ込まないかテスト」

「テストは合格？」

「うん、合格！」

拓馬は腰を抜かしている僕に手を差し伸べようともしなかった。今までこらえていた怒りがこみ上げた。

「何が合格じゃ！　拓馬てめえ、いい加減にしろや！」

僕は渾身《こんしん》の力を腰に入れ、ようやく立ち上がり、拓馬に駆け寄って、叫びながら拓馬の顔や身体をピシパシ叩いた。

「なにが！（パシ）合格だ！（ピシ）いい加減に！（ペチ）しろや！（パチ）クソ野郎！（パチン！）」

拓馬は僕に叩かれるまま、動かなかった。僕は怒りが収まらない。どうして拓馬には、僕の気持ちがわからないのか！

「お前には！（ペシ）結婚式を！（パシ）挙げて！（ピチ）くれた！（パチ）みんなの！（ペシ）気持ちが！（パシ）わからないのか！（パチン）」

最後の平手打ちは拓馬の首から顎にかけて当たった。拓馬はムクッと立ち上がり、僕の肩を一発殴った。本気で殴ったのかはわからないが、めちゃくちゃ痛い。そりゃそうだ。拓馬のガタイは僕の二倍もある。殴り合いでは完全に負けてしまう。

僕は玄関に走り、拓馬のバスケシューズのほどけた紐《ひも》を握りしめた。バスケシューズをブンブンと振り回して勢いをつけると、追いかけてくる拓馬の顔面めがけて飛ばした。それは拓馬の口元に当たり、拓馬の口元からは血が垂れた。

拓馬は「痛ってぇ……」と口元の血を手で拭い、僕を睨んだ。

「やべー、殺される」と思った僕は玄関ドアをあけ、裸足のまま外へ逃げだし、近所の職場の先輩女性の家に逃げ込んだ。「何があったの⁉」と言う先輩に簡単に事情を話した。殴られた肩を見ると大きな痣《あざ》ができていた。先輩はその痣を見て、「どっちが悪いでも、なんでもいいから、とりあえずここに電話相談してみな！」と、行政がやっている「女性センター」のＤＶ相談窓口に電話をするように促した。彼女が掛けてくれて、手渡された電話に出ると、相談窓口の人が言った。

「あなたは男性ですよね？」

「そうです」

「あなたがお付き合いしている女性からＤＶを受けているということですか？」

「僕らはゲイのカップルです。ＤＶかどうかわかりませんが、友人に話を聞いてもらえと言われまして」

「ゲイ……ですか。なるほど……。申し訳ありませんがここは女性専用の窓口なんですが」

「あ、そうですか、わかりました、どうも失礼しました！」

そりゃそうだ。この社会で、僕たちみたいな人間はいないものとされているのだ。


今日はウチに泊まりなさいと言ってくれた先輩に甘えようと思ったが、一人でいる拓馬を思うと、申し訳ない気持ちと、心配な気持ちでいてもたってもいられなくなった。

僕は先輩にサンダルを借りて、拓馬の元へ戻った。ウチに着くと拓馬は、一人しょんぼりした顔でベッドに腰をかけていた。拓馬の顔を見ると心が痛んだ。

「ごめん」先に謝ったのは拓馬だった。

「僕こそごめん……口、大丈夫？」

「少し切れただけ。もう大丈夫」

「僕も肩にアザができただけ」

「まじか。ごめん」

僕らは抱きしめ合った。僕らが本当に愛し合っているということは、確信している。でもお互い、不器用な生き方しかできなかったのだと思う。

ちょっとしたことでぶつかって破壊して、それで互いの大切さに気づき、また再生する。その繰り返し。大好きな人だからこそヤキモチを焼いたり、焼かれて怒ったりもする。僕らはきっとこうやって、二人でずっと生きていくのだろうと、この時はまだ、信じていた。

ちなみに今僕は、同じ区で夫の亮介君と「ＬＧＢＴコミュニティ江戸川」という団体を運営している。そこで問い合わせたところ、いまではセクシュアリティや性別を問わず、ＤＶ相談が受け入れられるようになっているようだ。実際に区が運営する配偶者暴力相談支援センターに電話してみた。

「お聞きしたいのですが、こちらで同性パートナーのＤＶ相談はできますか？」

「『どうせい』とは何でしょうか」

「同じ性の同性です。つまり、ゲイやレズビアンカップルということです」

「はいできます」

きっと、窓口の方は「同性」パートナーなのか「同棲」しているパートナーなのか、わからなかったのだと思う。相談する方も一言で伝えるのは難しいから、思い切って、僕ゲイなんですとか、ハッキリ伝えた方がいいのかもしれないと思った。

変わりゆく愛

友達が開催してくれた、僕と拓馬のサプライズ結婚式から一年が経とうとしていた頃、僕は拓馬の様子がおかしいことに気がついていた。

元々お酒が大好きな拓馬だが、今ではウイスキーの瓶を常に持ち歩き、どこでもそれを無表情で飲んでいるのだ。好きだから飲んでいるお酒というよりは、自分を苦しめようとして飲んでいるか、何か嫌なことを無理やり流し込もうとしているお酒に思えた。このごろ拓馬は、いつも思いつめたような顔をしているし、誰が見ても様子がおかしいのは明らかだった。

「何かあったの?」と聞いてみると、拓馬は「あったけど……今はまだ思い出したくない。話せるようになったら話す」と言う。

それならば、しばらく様子を見ようと思ったのだが、異変は朝に起こった。

僕が目を覚ますと拓馬は自分が寝ていた布団を見つめていた。

「どうしたの?」と言って、拓馬の視線の先に目をやると、布団が濡れている。どうやらオネショをしてしまったようだ。僕は一瞬動揺してしまったが、今の時点で物事を深刻に捉えすぎるのは拓馬のためにならないと考え「お酒、飲み過ぎたんだね」と軽く受け取ることにした。僕は拓馬を仕事に送り出し、自分が仕事に行く時間までお風呂場で布団を踏み洗いして干した。拓馬は何かを思いつめている。それだけは確かだが、本当にお酒を飲みすぎて漏らしてしまっただけなのかもしれない。そう思うようにした。だが、オネショは次の日も、その次の日も続いた。

拓馬の中でなにが起こっているのだろう。心配で仕方がない。

「またオネショしちゃったね。拓馬になにがあったかわからないけど、一度メンタルクリニックに行ってみようよ。一緒について行くからさ」

拓馬のプライドを傷つけたくはないから、なるべく明るく、なるべくあっけらかんと言ってみたが、やはり拓馬は憤慨した。

「俺を病人扱いすんじゃねえよ！」

「でも、オネショ繰り返してたら辛いの自分でしょ？」

「酒を飲みすぎただけだろ」

「でも、僕がどんなに飲みすぎた時でも、寝ながらゲロ吐くことはあっても、おしっこを漏らしたことはないよ」

「わかってるよ！」

「わかってるなら行こうよ」

「メンタルクリニックには絶対行かない！」

「なんでだよ。悩みがあって、オネショしちゃったんですけど薬くださいって言えばいいだけだよ。たぶんね……」

拓馬がメンタルクリニックに行きたくない理由は察することができる。それは、メンタルクリニックがおかしな場所だからとか、そう思っている訳ではない。ゲイであることがバレてしまうのではないか、見透かされてしまうのではないかと思ってしまうのだ。それはほとんどの場合、自分がゲイだということを隠したい人にとっては、何よりも恐ろしいことなのだ。

高校時代、ハセに病院を勧められた時に、僕も同じ気持ちになったから、拓馬の気持ちは痛いほどよくわかる。

次の朝、やはり布団は濡れていた。引きずってでもメンタルクリニックへ連れて行こうとしたが、拓馬は身体がでかいので引きずれない。話し合いの末、泌尿器科へなら行けるというので、拓馬と泌尿器科へ行ってみることにした。

浮かない顔で診察室から出てきた拓馬。

「心療内科に行けって言われた。行かないけどね。薬を出してもらえるから、それで様子見る」

帰り道、拓馬はいつもよりおとなしかった。帰宅すると拓馬は重い口を開いた。

「最近あったこと、聞いてくれる？」

「うん、聞きたい！」

「最近、学校の仲間の飲み会があってさ、俺、それに行ったんだよ。覚えてる？」

「うん、友達と飲みに行くって言ってたね。覚えてるよ」

「みんな仲のいいメンバーでさ、十人くらい集まって、飲んだ後に、カラオケに行ったんだ。そこで俺、途中でトイレに行ったんだよ。そしてトイレから戻ったらさ……」

拓馬は苦しそうな表情で、なんとか言葉を発しているように見えた。

「トイレから戻ると、友達が俺の携帯を、勝手に見ててさ。そいつが、『拓馬、お前、ホモなんだろ！』って言うんだ。『キモい』とかみんなに散々言われて、俺ガチでヤバイと思った。なんとかしなきゃと思って『そんな訳ねえだろ！』って言って、笑ってごまかしてたんだけどさ、『本当のこと言えよ、お前ホモなんだろ』とかしつこく言ってくるから、友達が、俺の携帯の何を見たのかが気になって、またトイレに行って、携帯を確認したんだよね。そしたら、良輔とのメールを見られてたてさ。ガチで終わったと思った……」

「それキツいね……」

「それで俺、トイレで携帯確認してから、すぐカラオケの部屋に戻ったんだけど……。戻ったら、もう誰もいなくなってた」

「え、みんな拓馬を置いて、どっか行っちゃったってこと？」

「そう。だから俺、そいつらに電話をかけまくったんだけど、みんな全然出てくれなくて、やっと電話に出たと思ったら、『何やってんだよホモ！　みんな駅にいるから早く来いよ』って言うから、急いで駅に行ったんだけど、駅に着いたら、もう誰もいなかった」

「なにそれ……。その友達とは、その後連絡ついたの？」

「それからなんの連絡もないままなんだ……俺、どうしたらいいかな。ゲイだってことがバレて、その噂がいろんな人に広まってると思うとガチでキツい……。マジもう無理……」

拓馬はそう言って肩を落とし、ウイスキーの瓶を飲み干した。


今までずっと、ゲイであることを誰にも話したがらなかった拓馬にとって、今回の件は、かなりのショックだろう。拓馬が気の毒で心が痛かった。

それにしても、拓馬に暴言を吐いた上に、拓馬がトイレに行っているうちに帰ってしまう友達って、どんな友達なのだろう。中学生じゃない。十人もの大人がいて、誰か一人でも「拓馬を待ってあげよう」とか「置いていくのはかわいそうだよ」とか「そんなこと言っちゃだめだよ」って言える人がいなかったのだろうか。そこにいた全員の神経を疑うし、そんな奴らを友達と呼ぶ、拓馬の神経も疑ってしまうほど、僕にとっては信じがたく許しがたいことだ。

そいつらのせいで、拓馬は今、自分がゲイだという噂が広まってゆく恐怖に怯《おび》え、大切な友達が去っていった悲しみに溺れているのだ。


僕があさみにカミングアウトをしたあの時に、あさみに「ホモなの？　キモい！」と言われ、あさみが去っていったなら……、僕はあっさり自ら命を絶っていたかもしれない。

それが拓馬にとって今、現実に起こってしまったのだから大変なことだ。オネショで済んでいるのなら、まだいいくらいだ。

拓馬の気持ちを考えると、いてもたってもいられなくなる。今すぐにでも、そこにいた全員を集めて座らせて、拓馬が感じている恐怖や屈辱を、全員にわからせてやりたい。拓馬に対してきちんと謝らせたい。そう思った。

「そいつら、許せない……拓馬はそんな奴らをまだ友達だと思うの？　僕だったらそんな友達いらない！」

「俺にとっては、大切な友達なんだよ」

「じゃあ、電話して呼び出そうよ。大切な友達なら話せばわかってくれるんじゃない？　僕が会って、『拓馬の彼氏だけどなんか文句ある？』って言ってあげるよ！　それでも拓馬を悪く言うようだったら、僕はどんなことをしてでも、そいつらの人生めちゃくちゃにしてやる！　拓馬に苦痛を与えた代償を払わせようよ！」

「頼むから良輔は何もしないで……。余計にややこしくなるから」

そう言われると思っていた。拓馬の言う通りだと思う。僕が関与することは拓馬にとってい解決方法とは言えない。これは拓馬本人の問題で、僕が出る幕ではないのだ。だから僕は、拓馬を信じて見守ることしかできない、なんとも歯がゆい立場だ。

「わかった、何もしない。もう拓馬の大切な友達のことを悪くも言わない。だけどこれだけは言わせて。最悪の場合になったとして、拓馬が友達を全員失ったとしても、僕がついてるよ。僕も、僕の友達もみんな拓馬の味方だからね」

少しでも拓馬を安心させたいと思った。少しでも苦痛が和らげばいいと思った。だけど拓馬が考えていたことは僕の想像を超えていた。拓馬は頭を抱えて、こう言ったのだ。

「俺がゲイだから悪いんだ……。〝普通〟になりたい……」

ショックだった。僕が言葉を詰まらせていると、拓馬はこう続けた。

「俺、ずっと考えてたんだけど、女の人を好きになる努力をしてみようと思う。もしかしたら、普通になれるかもしれない……。その方が幸せなんじゃないかと思うんだ」

今、拓馬の心が傷ついているのは、僕と付き合っているせいだと言いたいのだろうか。まるで僕が拓馬を不幸にしているみたいだ。確かに僕と付き合っていなければ、僕とのメールを見られることもなかったし、それによってゲイであることがバレることもなかっただろう。

だからといって、なぜ僕は、拓馬が女の人を好きになる努力をするために、拓馬と別れなくてはいけないのだろうか。今までの僕の苦労は一体どうしてくれるのだろうか。だが今は、拓馬に何を言っても無駄だというのもわかる。たとえ苦しくても僕が身を引かなくてはならない、そう直感したのだ。


「努力して女性を好きになれるなら、ゲイはいないよ。でも拓馬がそれで幸せになれると思うなら、いいよ。僕、応援するから。意味ないと、僕は思うけど、努力してみればその先に何かが見えるかもしれないしね。いいよ、別れよう」

「俺、本気で言ってるんだよ?」

「僕も本気。僕たち二人とも、今までよく頑張ったと思う。それに、すごく楽しかったね」

数日後、拓馬は三年間の半同棲生活で、ウチに持ってきていた荷物をまとめていた。ディズニーランドで、勇気を振り絞って買ったペアのマグカップの片方を、拓馬は大切そうに新聞紙で包みリュックに入れた。そして、付き合っている間に二人で書いていた交換ノートを、ペラペラとめくりながら拓馬が言った。

「俺、しばらく寂しくなると思うから、この交換ノート、俺が預かっててていい？」

「いいよ、またいつかどこかで拓馬に会ったとき、僕にも見せてね」

「わかった。大切に保管しとく」

拓馬は、最後に交換ノートをリュックに詰め込み、ファスナーを閉めた。いよいよ別れの時が来たのだと思った。

「これで本当に最後だね。良輔、今までありがとう」

拓馬は立ち上がり、頭を下げた。出会った時と変わらない、誠実で礼儀正しい僕の大好きな拓馬。

「ありがとう」

拓馬は玄関を出て振り返り、ゆっくりと扉を閉じていく。扉が閉まるほど拓馬の顔が見えなくなる。ドアが全部閉まるまで、僕らはお互いを見つめていた。拓馬の顔は今にも泣き出しそうで、色んな想いが溢れていた。きっと拓馬の目にも僕がそう映っていただろう。

ドアが閉まり、完全にお互いの顔が見えなくなると、ゆっくりと拓馬の足音が遠ざかっていく。聞きなれた拓馬の足音が。

「今追いかければまだ間に合う！」心の中でそう声がした。でもそれはできない。彼を引き止める理由が、もう僕には残されていないのだ。本当は拓馬に伝えたかったことが、まだまだたくさんある。でも、そんなに全部言えない。全部言うと、涙を堪えられなくなってしまうし、辛くなるだけだから。だから僕は「ありがとう」、たったそれだけしか言えなかった。

夢の城がつきつけた現実

拓馬が出て行った後、想像していたよりも冷静な自分がいた。拓馬がいなくなったら、自分はどうなってしまうのだろうと不安だったが、悲しもうにも別れた実感がないのだ。今にでもウチの玄関を開けて「良輔！　なんで本当に、なんの連絡もしてくれないの！」と怒って入ってきそうに思えていたのだ。

だが僕には、ひとつだけ、やらなくてはいけないことがあった。拓馬と僕の、サプライズ結婚式を挙げてくれた友達に別れたことを伝えなくてはならない。祝福してくれた友達を裏切るようで心苦しかったが、映里とあさみに連絡すると、二人は僕を心配して、ウチに駆けつけてくれたのだ。

「酒買ってきた！　こういう時はね、飲むしかないんだわ、人間ってもんはよ。うん！」そう言って、あさみは僕に酒をついだ。

あさみはいっしーと別れた直後から、大酒飲みに変貌し、タバコを吸うようにもなった。それに、キャラもおっさん化した気がしている。僕はそんなあさみを笑う余裕さえあった。

「あさみ、おっさんくさいよ」

「まあまあまあ、どうぞ」

「ありがとう」

「それで、ななぴぃ、大丈夫なの？」映里は酒を一口飲んで、僕に聞いた。

「それが、意外と大丈夫なんだよね。逆に自由になれた！　って感じ。それよりも、皆がせっかくサプライズの結婚式を挙げてくれたのに、申し訳ないと思ってさ」

「そう言うと思ったけどさ、そんなの気にしないで！　ウチらが勝手にやったんだから」

「シスターあさみも、赦《ゆる》して下さいますか……」

「赦すのが神の御業《みわざ》です。飲みましょう！」

何かあった時に、すぐに集まれる、なんでも話せる友達がいることを幸せに思った。でも拓馬にはどうだろうか。僕が知る限り、そんな友達はいないはずだ。僕は二人に、拓馬が友達にされた仕打ちを話していた。

「なにそれ。そんな友達、友達じゃない！」

「や〜、拓馬君からしてみたらそれは辛いわ……」

映里は憤慨し、あさみは拓馬に同情した。

「それを、ただ見守るしかないななぴぃも辛かったね！」


この二人には、一つのことを説明すると僕の気持ちが全て理解できるようだ。友達というのは本当にありがたい存在なのだ。そして僕はここであることに気付く。あさみも映里も彼氏がいない。三人ともフリーで並んだのだ。

「僕ら三人の中で、最初に彼氏が出来るのは誰だろうね！　あさみはどう思う？」

「わたし、ななぴぃな気がするけどな。ななぴぃが次に進もうと思えばだけど」

「私もそう思う」

映里も同調した。

「実は……、僕もそう思うの！」


この日はあさみと映里がきてくれて盛り上がったが、二人が帰ってしまうと、なんだか虚しい気がした。いつもの部屋、いつものお風呂、いつものベッドなのに、何か足りなくて、冷たい感じがする。

拓馬は今頃、僕と別れたことを後悔していないだろうか。実家でオネショをしていないだろうか。考えると心配になった。

気がつくと、拓馬が出て行ってから三ヶ月が過ぎていたようだ。

だが僕にはそんなに時間が経った実感が、全くない。実感といえば、未だに拓馬と別れた実感もないままだ。あれから三ヶ月が経ったのはどうやら本当らしいが、その間僕がどう生きてきたかも思い出せない。というより、生きてた実感すらもないのだ。

拓馬と別れた実感がないおかげで、辛さや悲しさ、寂しさを感じずにいられたのだが、なんだか他のことも感じなくなってしまったのかもしれないと思った。

そんなある日、僕は友達と買い物に行くのに、バスに乗って、待ち合わせ場所へと向かっていた。友達と買い物といっても、僕にとっては、なんでもないただの日常で、今日という日もただ過ぎていく一日に過ぎないのだった。僕はバスの後部座席からぼんやりと窓の外を眺めていた。

遠くにディズニーランドのお城が見えて「あ。お城だ」と思った瞬間、拓馬との想い出が一気に溢れ出してきた。それと同時に、自分の心臓を誰かに握られているみたいに苦しくなり、涙がボロボロと落ちてきたのだ。自分の中で何が起きているのか、わかるまでに時間がかかった。

拓馬と一緒に笑い合った、いくつもの想い出や、喧嘩をして傷つけ合った言葉の数々……。

誕生日にせっかくディズニーランドに行っても、ゲイとバレるのを恐れていた拓馬と手を繋いで歩くなんて夢は叶うわけもなく、僕たちは一メートルは離れていなければならなかったな……。

拓馬は僕と付き合っていて、幸せだっただろうか。彼氏として守ってあげるどころか、拓馬を傷つけてしまったこともたくさんあったように思う。

「拓馬……本当にごめんね……。拓馬のことを、大好きでした……。本当にありがとう……」

バスの中で一人、涙と鼻水を拭った。あぁ、胸が苦しすぎる。失恋の悲しみが三ヶ月遅れで届いたのだと思った。そして夢のお城が僕に語りかけている。

「もうそろそろ、次に進む時が来ましたよ。現実の世界も悪くはないはずよ……」と。

そうか、僕は現実から目を背けていたんだ！　拓馬が去った現実から。あの日から何の実感もなくて、変な感じだったのは、心の防御反応だったのかもしれない。もう、拓馬が戻って来ることはないんだ。辛くても現実を受け止めなくてはならない時が来たことを、夢のランドのお城が教えてくれた。今ならちゃんと受け止められるかもしれない。

拓馬。僕は前に進もうと思う！　今はまだ、拓馬との想い出がいっぱい詰まったランドには行ける気がしないけど、いつか必ず新しい幸せを摑んで、あのお城を新しい人との想い出でいっぱいにするから！　僕は絶対幸せになるから！　どうか拓馬も、僕を傷つけたとか、そんなことを考えませんように……。そして拓馬もどうか幸せになって……お願い……。

「よし！」と言って、後部座席の窓からお城を見ながらジュルジュルと鼻をすすり、涙を拭う僕を他の乗客は不審に思ったかもしれないが、今の僕はそんなの全然気にならない。

他人がどう思おうと、僕は今久しぶりに清々《すがすが》しい気分なのだから！

バスを降りると、新しい人生が始まったような気分がした。そんな今日という日が、とても天気がよくて気持ちのいい日だということに驚いた。バスに乗る前には気づかなかったのだ。拓馬が去ったあの日から僕は、曇ったガラスを通して世界を見ていたようだった。

今僕は再び歩き出す。自分の幸せへと向かって……。

ハーレーダビッドソンの男

夢の国のお城に現実を突きつけられ、新たな彼氏を探し始めて数ヶ月、拓馬と別れて半年以上が経っていた。拓馬以上の人は現れないのかもしれないと諦めかけていたそんな時に突如現れたのが「雄太」だった。

インターネットを介して出会った雄太は関西出身の同い年で、身長は一八三センチ。ＳＦ時代劇アニメ『銀魂』の近藤勲を少し丸くしたような顔をしていて、やんちゃそうな雰囲気と、男のロマンのようなものを全身から漂わせているような人だ。一七八センチの僕にとって、雄太の高身長は、背伸びをしてキスをするのに丁度よさそうだ。いままで付き合ってきた人は、みんな僕よりも身長が低かったから、背伸びをしてするキスに憧れを抱いていたのだ。

二人で夜道を歩いていると、遠くでバイクの走る音が聞こえた。

僕にとってはただの雑音でしかないが、雄太にとっては違ったようだ。バイクの音が聞こえる度に彼は、耳をすまして、無邪気な顔で話しかけてくる。

「今の音が、ハーレーのエンジン音やで！　さっきの音とはちゃうやろ！　やっぱりハーレーはええよな！」と。まるで少年のような目で、バイクの話をしてくる雄太。僕には理解不能だ。必死に説明してくるそんな雄太を、僕は可愛く思った。


僕と雄太は、外では少し距離をおいて歩く。雄太に気を使い、ゲイだとバレないようにするために、一定の距離をおいているのだ。ただ、ひとたび玄関に入ると、抑えていた情熱が爆発する。

僕は玄関の鍵を開け、ドアを開き、雄太を先に玄関に入れた。

僕も玄関に入り、ドアが「ガチャ」っとしまった瞬間、雄太はドアに手をついて僕を覆うように熱烈なキスをした。

僕は玄関ドアにもたれ、雄太のキスを受けながら片手で靴を脱ぎ捨て、背の高い雄太の首にそっと腕を回した。

雄太はそのまま僕を抱きかかえ、僕をそっとベッドに降ろすと、僕にまたがり、ベッドの上でもキスをしてくれた。

雄太の熱く優しいキスは、僕の全てを包んでくれているかのようで、全身トロけてしまいそうな感覚だ。キスがこんなに気持ちのいいものだということを、僕は今まで知らなかったのかもしれない。もうこれ以上何もいらない、雄太のキスさえあれば生きていけると思った。雄太は僕のズボンを下ろし、キスをしながら僕の太ももを撫でていた。

「毛が薄いねんな、ツルツルしててめっちゃ可愛いやん……」

「ありがとう。ねぇ雄太、あと百回キスしてから、寝ようか」

「ええで。このキスが六十八回目やから……あと三十二回やな」

「雄太は算数の先生になれるね。でも、今から百回だから………あと九十九回やな」

「しゃあないなー」

雄太は僕の顔の横に手を突き、僕の上で腕立て伏せを始めた。腕立て伏せ一回につき一回キスをしてくれる。

「一回！　二回！　三回！……」

「ちがう！　こういうキスじゃなくて、さっきまでのやつがいい！」

「ええで……ななぴぃはわがままやな」

僕らはまたキスをした。雄太のキスに僕の心は完全に溺れていった。

「これ……、どこまでが一回なんやろな……数えられへん……」

「今ので、一回！」

「今ので一回なん？　十回分くらいしてたと思うねんけど……終わらんやん」

「じゃあキスしたまま寝よう！」
「ええで……」

僕は完全に雄太に惚《ほ》れてしまった。彼は、夢を話してくれた。いつかハーレー専門の修理屋兼ハーレー専門店を経営したいと。だからお金が貯まれば仕事を辞めて、バイク修理の専門学校へ通おうと思っていると。それを聞き、僕は妄想が膨らんだ。僕は小さなハーレー店の社長夫人で、もちろん社長は雄太だ。一階が店舗になっていて、二階は僕と雄太の住居スペースだ。修理スタッフを何人か雇っていて、お昼になると、僕がみんなのご飯をつくって一階の店舗に運ぶ。「お疲れ様！　お昼ですよ〜。みんな、まずは手を洗ってきてね！」とか言って……。その妄想を雄太に話すと「まだ早すぎる」と雄太は笑った。

雄太とは、それからしばらく関係が続いた。まだ付き合ってはいないものの、雄太は付き合うまでに、しっかり時間をかける人なのだと思っていた。

ある時、バイク仲間とツーリングに行くと言う雄太に、僕はお守りを作った。交通安全の願いを込めてフェルトに綿を入れて作ったお守りだ。

バイク好きの雄太はカッコいいけれど、雄太になにかあったら、と思うといてもたってもいられなくて、気づくと針と糸を持っていたのだった。

後日、二人で近所の汚い中華料理屋へ行ったときに、そのお守りを雄太に渡したのだが、雄太はそのお守りを受け取らなかった。

「俺はお守りには頼らへん。気をつけて運転してれば事故には遭えへんから！」

「お守りを渡すのは僕が安心するためだよ。見送る方の気持ちなの」

「いや、俺はそんなん持たへん！」

「なんで？　手作りのお守りを貰っちゃいけない宗教にでも入ってるわけ？」

「そういう訳ちゃうけど……ななぴぃ、重いねん。付き合ってる訳ちゃうのに……」

「じゃあ付き合えばいい！」

「付き合う前から重い人と付き合うわけないやん！」

「……ごめん」

「……いや。実は俺、最近付き合い始めた人がおんねん……でもななぴぃを傷つけたくなくてどうしようかと思ってたてん。俺こそごめんな」

雄太は折り畳み式の携帯を開き、画面を僕に見せた。雄太と彼が二人で写るその画像は、既に待受画面に設定されていた。

「え！　こいつ何歳？」

「高校生」

「高校生？」

「こいつ、最近ゲイデビューして、誰にでも付いていくからな。俺が守ってあげなアカンと思ってん……」

「守る？　雄太は若い子が好きなだけでしょう！　まだ毛が生えてるかわからないような！　だから僕に『毛がなくてツルツルで可愛い……』って言ったんでしょ！」

雄太は何も言えないようだった。

中華料理屋のグラスの水を雄太にぶっかけて帰ろうと思ったが、負け惜しみだと思われるのは癪《しゃく》にさわる。その代わりにグラスの水を飲み干して、グラスをテーブルに叩き置いたが雄太は動かなかった。

「お幸せに」

皮肉たっぷりな言い方になったが仕方がない。幸せになれだなんて、これっぽっちも思っていないのだから。

中華料理屋から飛び出した僕は、しばらくプリプリと歩いて、この先のことを考えていた。

僕と恋愛関係になるようなゲイの多くは若い子好きだ。うまく説明できないが、僕の容姿をタイプだと言ってくれるゲイは基本、体が細くて、前髪があって、可愛い系の子が好きな人だからだ。だから若い方がモテる。それなのに可愛い若手のゲイは日々生産され続けている。二十五歳が間近に迫った僕は、ゲイの世界からどんどん隅に追いやられている気分になるし、賞味期限はとっくに過ぎているのかもしれない。実際そう言われてしまったこともある。

焦っても意味がないと思いつつも焦ってしまう。だから今回、雄太が僕より高校生を選んだのは当たり前なのかもしれない。僕はもう、同じ土俵では、若い子には勝てないのだ。

歳を重ねる素晴らしさも、僕は知っている。ただ、僕をタイプとするゲイの多くは、若い方を選ぶ人が圧倒的に多いように思えてしまう。だから焦ってしまう。

僕は、いずれ人生の伴侶《はんりょ》となる人を求めて恋愛をしているが、ほとんどのゲイの人はそうではなく、自由な恋愛を楽しみたいだけなのかもしれない。雄太もそうだ。「彼氏といつか家族になる」なんて考えてもいないし、若い子と遊んでた方が楽しいのだ。それは自分がゲイだと気づいた時に「結婚」というものを、諦めるしかなかったからかもしれない。僕が今回、若いゲイに負けた理由はそれしか考えられない。若さは脅威だ。

でも僕は絶対見つけてやる。僕の人生の伴侶を。今の日本では同性同士の結婚は認められていない。ということは結婚するか、しないかの選択さえ与えられない。ほとんどの人はそれを大前提にして日常を送っている。僕は多くの異性愛者と同じように選択する自由が欲しい。そして僕は結婚をしたい。「結婚＝幸せ」だとも思わないが、親戚付き合いや嫁姑問題の悩みすらうらやましい。ゲイに生まれたことで、不当に何かを我慢なんてしたくない。どこかにいるはずなんだ。僕の運命の人が！　出会ってみせる！　そんなことを考えながら歩いていた。

ポケットに手を入れると何かが指に触れた。雄太に受け取りを拒否された手作りのお守りだった。今になって冷静にそのお守りを見てみると、なんとも出来の悪いお守りだ。こんなのを作っちゃった自分を気持ち悪いとすら思った。僕はそれを道端のゴミ箱に入れ、駅へと歩いた。

第6章

焦って、走って、転んで、起き上がって。

彼氏の同居人の彼氏と……

雄太に対して未練はなかった。高校生と付き合ったと聞いた瞬間、雄太に対して感じていた恋心は一気に嫌悪感へと変わっていったからだ。

雄太のような人は、自分が何歳になっても若い子が好きなんだろうと思う。だけど今の高校生の彼氏だって十年経てばアラサーになる。そうなれば雄太は違う若い子を探すのだろうか。それまで続いていればの話だが。「若い方がいい」という気持ちはわからなくないし、大抵の人がそうなのかもしれないけど、僕が求めている将来の家庭像には雄太は当てはまらないし、そんな人は一生そうやって生きればいい。知ったこっちゃない。

今、僕が求めているのは一生を共にできる伴侶となる人だ。

ゲイの世界で、僕のような「前髪系」で「ウケ」の人間は賞味期限が短いとよく言われた。二十五歳を過ぎてモテなくなった「ウケ」が、無理をして「タチ」を名乗って路線変更したゲイを何人も目の当たりにしてきた僕は、そうはなりたくなかった。

法的な「結婚」という道が、今はなくても、人生のパートナーを見つけて、若さを失った後でも続く「絆」を作っていける、そんなパートナーを探したいのだ。だから雄太にはなんの未練も感じない。ただ、一つだけ。雄太としたキスが忘れられなかった僕は、インターネットを介して、雄太と同じ身長のゲイを探していたのだった。

身長一八三センチが、僕が背伸びをしてキスをするのにちょうどいい身長なのを、雄太が教えてくれたからだ。

そこで付き合い始めたのが「涼太」だった。

涼太は金髪でイタリアンのお店のシェフをしている。身長は一八三センチで雄太と同じ身長なのに、身体が細いせいか、そんなに大きく感じなかった。年齢は僕より少し若かったが、物腰が柔らかいからか、年上のような安心感があった。

涼太と付き合いはじめて、僕は毎日を楽しくすごしていた。涼太は、友人の「孝一」とルームシェアをしていて、もちろん孝一もゲイなのだが、涼太と孝一の家には、いつも多くのゲイの友達が集まっていた。みんなで銭湯へ行ったり、みんなでお泊まりをしたり、お酒を飲んでゲームをしたり、罰ゲームをしたり、青春時代を取り戻したようで、こんな楽しいことはなかった。毎晩がパーティだった。

同居人の孝一は僕と同い年で、孝一には「弘樹」という彼氏がいるが、彼氏公認のセフレが他にも何人かいるようだった。僕が、孝一の彼氏である弘樹と打ち解けるのにも、時間はかからなかった。

あるとき、僕と涼太カップル、孝一と弘樹カップル、四人で食事をした日から、僕は、涼太と一緒にいながらも、弘樹のことが気になっていることに気づいていた。

楽しい時間はあっという間に過ぎていく。涼太と付き合って、二ヶ月が経っていた。

弘樹と僕は家が近かったので、金曜の夜になると、弘樹が僕の家まで車で迎えに来てくれて、二人で涼太と孝一の家に向かうようになっていた。

そんなある夜、いつも口数の少ない弘樹が運転しながら言った。

「良輔ってさ、ホントに可愛いよね。俺、初めて会った時に目を疑ったんだよ。あの日、良輔の目を見ることもできなかったよ、俺」

「孝一だって可愛いじゃん」

「孝一なんかと比べ物にならないよ。あいつ、他の男とばっかりヤッて浮気してるし、俺は良輔の方がいい」

「セフレは弘樹が公認してるんじゃないの?」

「俺は嫌だよ」

「そうなの?　嫌だって、ちゃんと伝えてるの?」

「いいよ、別に。良輔は涼太と幸せなの?」

「実は、今悩んでる。涼太はいい人だし一緒にいて楽しいんだけど、やっぱり未来が見えないんだ。涼太と孝一の家にはいつもゲイの友達が集まって、みんな仲良くて大好きだけど、涼太のことが好きなのか、あの環境が好きなのかがわからなくて。僕はさ、将来のパートナーを探したいと思ってるから、楽しいのもいいけど、もう楽しいだけの恋愛は卒業しなきゃいけない気がしてるんだ……もう、涼太とは別れた方がいいかな？」

「うん。俺はその方が嬉しい」

「でも、涼太と別れたらさ、孝一とも、弘樹とも、あの家に集まる友達にも会えなくなると思ったら寂しいよ。耐えられるかな……」

「俺は孝一と別れるよ。今俺、良輔のことが好きだから。俺が良輔を幸せにするから、良輔も涼太と別れろよ」

「でもさ、もし僕と弘樹が付き合ったら、涼太を裏切って孝一の彼氏を奪うことになるじゃん。それって、いくらなんでもまずいと思うんだ。だから、弘樹が孝一と別れるのは好きにすればいいけど、僕はもう少し考えることにするよ」

「わかった」

弘樹と二人でお互いの彼氏の家に行き、お互いの彼氏の部屋に入っていく。だが気持ちは涼太ではなく弘樹に向いてしまっていた。

次の日、弘樹の車で家まで送ってもらうことになっていたが、涼太と過ごしていても弘樹のことばかりを考えてしまう。弘樹は孝一と別れ話をしているのかもしれないと思うと緊張した。

朝になり、リビングへ行くと弘樹と孝一が別れた様子はなかった。昨日の約束どおり、弘樹が僕の家まで送ってくれた夜、僕の家で、僕と弘樹は一線を越えてしまった。もう言い訳はできない。シャワーを浴びて部屋に戻ってきた弘樹が言った。

「お互い涼太や孝一と別れて、俺ら、ちゃんと付き合おうか。俺、親にもちゃんとカミングアウトをして良輔を紹介したいんだ。良輔だったら親も認めてくれると思うんだ」

「そうだね。ここまできたら僕、涼太と別れるわ」

「よし、いまから二人の家に戻って、お互い話しに行こう」

弘樹は早速孝一に電話をかけ、二人に話があるからこれから行くと伝えた。僕は吐きそうなほど、涼太と孝一に申し訳ない気持ちでいっぱいだった。

涼太と孝一の家に着き、僕はまず涼太と話をした。涼太と別れたいと思っていること、弘樹と関係をもってしまったこと。身長だけで涼太との付き合いを決めてしまったこと。

涼太は「弘樹と!?」と驚いていたが、「弘樹を好きになったんなら、仕方ない」と言った。もっと修羅場になることを覚悟していた僕には涼太の器の大きさが本当にありがたかった。

僕が涼太の部屋を出て孝一の部屋に行くと、弘樹が取り乱していた。弘樹は「孝一だって浮気ばっかりしてただろう!」と言って壁を蹴飛ばした。僕は弘樹に落ち着くように言ったが、彼は僕の腕を摑み「良輔、行くぞ! こんな家早く出よう!」と腕を引っ張った。

僕は孝一に謝った。

「孝一、ごめん……」

「良輔が俺に謝る必要ないよ。弘樹との別れは時間の問題だったし、盗られたとか思ってないから。涼太が許してくれたんならいいんじゃない？　また遊びにおいで」

孝一も冷静だった。取り乱したのは弘樹だけだったようだ。弘樹は口下手で、言葉で感情を伝えるのが下手な人だった。だから取り乱しやすいのかもしれないと思った。

こうして僕と涼太との短い付き合いは終わり、涼太の同居人である孝一の彼氏だった弘樹と僕の付き合いが始まったのだ。こんな不健全なスタートを切った二人は、幸せになれるのだろうか。

ゲイカップルのお部屋探し

弘樹と僕の付き合い始めたキッカケは決して健全なものではなかった。僕は涼太を裏切り、孝一から弘樹を奪ったし、弘樹にも同じことが言える。

今、この文章を書いていても、何度書いたものを読み返しても、この頃の自分はなんて最低なのだろうと思ってしまう。読者の方に、なるべく自分を悪く思われないような書き方なんて、どんな文才があっても不可能だ。この時の僕はヤバいとしか言いようがないのだけど、反省している。でも、僕たちは付き合いを始めてしまっていた。

弘樹は優しくて不器用な性格だ。涼太と孝一への申し訳ない思いから、しばらくはずっと「他人にしたことは自分に返ってくるから、いつか誰かに、良輔を奪われるかもしれない……」と言っていた。あまりにもしつこくグチグチ言うので「他人に奪われる心配をする前に、まずは全力で僕に尽くせ！　それが今、弘樹にできることだろ！」と僕に言われるのであった。

弘樹は僕と付き合い始めてすぐ、両親にカミングアウトをした。僕がそう勧めたわけじゃない。長い間、いつか親にはわかってほしいと思っていたようなのだが「ようやく、親に紹介できる人と出会えた」という弘樹の言葉がとても嬉しかった。弘樹のご両親は息子からのカミングアウトに一瞬驚いたようではあったが、愛する息子に変わりないと早い段階で認めてくれていた。

ただ、弘樹が彼氏を紹介したいと申し出た時に「わかった、会おう！」と言ったのはお母さんだけで、お父さんは息子の彼氏に会う気にはならなかったようだ。

僕と弘樹はさっそく関西へ向かい、弘樹の実家近くのホテルのカフェで、お母さんにご挨拶することになった。直接実家に行かなかったのはお父さんがいらっしゃるからだ。

彼氏のお母さんに会うなんて初めてだったから、お会いしたときは緊張で喉が渇いて仕方がなかったし、どんな会話をしたかもほとんど覚えていないくらいだ。

弘樹のお母さんは声が大きくて、よく喋る、元気のいい人だ。着ているお召し物も、イエローやライトグリーンなど、金運が寄ってきそうな色使いで、「関西のお母さんってこんな感じなのね」と思ったのだった。

お母さんがどんな人であったとしても、親に紹介してもらえたことは僕にとって、とても嬉しいことだった。今までは彼氏ができても、世間から隠れるようにヒッソリと付き合ってきたし、僕がオープンでも、付き合う相手が友人や家族にバレたくなかったりすると、二人で堂々とデートするのですら、人目を気にしてできなかった。だから、弘樹が僕をお母さんに紹介してくれて、親公認のカップルになれたのは僕にとっては夢への第一歩だった。

しかし、残念ながら、僕の親には弘樹を紹介することはできなかった。母にカミングアウトした時に「あんたが誰と付き合おうと、そういった話はもうしてこないで」と言われていたからだ。弘樹はそのことを理解してくれていた。

僕たちは付き合い始めて数ヶ月で同棲を始めた。弘樹から提案してくれたのだが、弘樹は毎晩ウチに泊まりに来ていたし、その間の駐車場代や使わない弘樹の家の家賃などを考えると同棲をした方がいいと思った。それに、弘樹には言わなかったが、この家には拓馬との想い出が詰まりすぎていた。前に進むためにも、もうそろそろ引っ越したいと思っていたので、話はトントン拍子にすすんだ。

1LDKの部屋を探して不動産屋へ行く。ただ、僕らは同性のカップルだ。住みたい地域である葛西駅周辺にはルームシェアが可能な物件もほとんどなかったので、部屋を探すのに、なかなかの苦労をした。不動産屋のスタッフに全てを打ち明けて部屋を探してもらっていたが、見つからず、不動産屋のスタッフはこう提案した。

「私が言ったと他言しないで欲しいのですが、お二人で住むことは、大家さんには伏せて、どちらかお一人の名義で部屋を借りて、もうお一方は居候ということにすればいいのではないでしょうか」と。

結局その案を採用し、表向きは弘樹名義の一人暮らしの部屋で、僕が居候をしているということになった。「居候」だなんて肩書きがつくだけで嫌だったが、仕方なかった。

こうした妥協案で、なんとか見つけた1LDKの小さな部屋が、僕と弘樹の家となり、同棲生活がはじまった。

弘樹とのセックスの回数は頻繁ではなかった。あまり性欲は強くないのだろうと思っていたし、それはそれでよかった。「相手のしたい時に可能な限りいつでも受けて立つ!」というのが僕のモットーなのだ。ただ、それは弘樹がまだ全てをさらけ出していないだけで、弘樹には秘めた性の世界観があるのだと知ったのは、一緒に住み始めてしばらく経ってからだった。

弘樹と暮らし始めて数ヶ月が経った頃。ベッド下の引き出しから大量の競泳用パンツ(競パン)が見つかった。競パンといっても全部ブーメラン型のものだが、今まで弘樹がプールに行ったことは一度もない。

そして僕は悟った。弘樹は競パンフェチで、僕に競パンを穿いて欲しかったんだ。恥ずかしくて、言い出せなかったのかもしれない。遠慮しなくていいのに……。

僕はその場で服を全部脱ぎ、赤色の競パンを穿き、ベッドで弘樹の帰りを待った。

しばらくすると玄関ドアが開く音が聞こえた。弘樹が帰ってきたのだ。

僕はベッドの上で、自分が思うセクシーなポーズをして、弘樹が寝室のドアを開けるのを待っていた。弘樹の足音が徐々に近づく……。

ガラガラ！　っと、寝室のドアが開いた瞬間、僕は弘樹の声にならない悲鳴を聞いた。

そして弘樹が叫んだ。

「何やってんの！　伸びるから早く脱いで！」

わけがわからなかった。弘樹は競パンフェチで、僕に穿いて欲しかったんじゃないのだろうか。喜ばせようと思ったのに。そもそも伸びるってなんなんだ。自分のしたことが恥ずかしく思えてきて、惨めな気持ちで競パンを脱ぎ、服を着た。

弘樹が言うには、競パンは、自慰行為をするときに興奮を掻き立てるために自分が穿くもので、僕に穿いてほしいのではないのだという。僕はたまたま、それを見つけてしまったのだ。

弘樹はベッドにうつぶせになって、実際どんなことをしているのか、僕に見せてくれた。なかなかオリジナリティあふれるやり方だった。

それからというもの、弘樹は自分のフェチに僕が理解を示したと思ったらしく、僕らの夜の営みが大きく変化した。その特殊さに僕はついていくことができず、同棲から数ヶ月で、僕らはセックスレスとなった。それが彼を孤独にしてしまったのかもしれない。彼が危険な道へと足を踏み入れることを、この時の僕はまだ知る由もない。

身体の関係はなくなり、喧嘩も頻繁にした。弘樹は普段は優しいのだけど、ささいなことで突然キレたりすることもあり、少しビクビクしていた時期もあった。でも、弘樹との生活は嫌なことばかりではなかった。弘樹はドライブが好きなので、休みが合うといろんな所へ連れて行ってくれた。中でも一番印象に残っているのは、毎年初夏になると行く、蛍がいる森だった。

明るいうちは水辺で虫や魚を捕ったり、鳥を観察したりして、静かに夜を待つ。日が沈み、暗くなってくると、ツアーの案内人と一緒に、蛍のいるスポットに移動するのだが、この時、懐中電灯を使うと蛍がビックリするからと、蠟燭を入れた提灯を持って森を進む。暗い森の中を提灯の灯りが列をなし、それだけで趣《おもむき》がある。

蛍の集まる場所に着き、提灯の灯りを吹き消して、辺りを見渡していると、一つ、蛍の灯りがふわぁ〜と空に舞った。

「あ！　今の見た？」と弘樹と喜んでいると、また一つ、今度は二つと蛍の光が灯り、気がつくと、いつの間にか無数の蛍の灯りに囲まれていた。

静かに流れる川の音に合わせて、光らない他の虫たちは音色を奏で、木々がサラサラと踊っている。それに耳を澄ましていると、時折カエルが「ゲゴ〜」と鳴くのが可笑《おか》しかった。空を見上げると、純白の月が無限に散らばる星たちを従えて、僕らを見守るように照らしている。

自然に触れていると、僕が当たり前のように生活をしている環境は、当たり前ではないのだと気づかされる。夜中でもネオンが光り、徒歩三分圏内にコンビニがいくつもあるような光景だ。それと同時に、今まで人間が築き上げてきた、そのような生活環境は蛍の光よりも、儚《はかな》く、脆《もろ》いものなのではないかとも思えるのだった。便利さを追い求めた人間は、気づかないうちに自分たちの首をしめていて、いつかそれに気がついたときには、よりシンプルな生き方を美徳とする時代がくるのかもしれない。壮大な自然に包まれながら、そんなことを考えていた。

案内人が森へ入る前に教えてくれたことがある。

水辺にはゲンジボタルとヘイケボタルが共存していて、光り方が微妙に違う。蛍が光るのは求愛行動だといわれているが、ゲンジボタルとヘイケボタルはそれぞれ、微妙な光り方の違いをきちんと見分けて、相手を間違えることはないのだと語った。

僕はその話を疑っていた。間違いがないなんて人間の勝手な決めつけだと思ったからだ。

僕は男として生まれ、男を好きになる。それを世間では「間違い」や「異常」だとする風潮を未だに感じることがある。そして「普通」は「男は女を、女は男を好きになる」と決めつけられているが、現実に、僕のように同性しか好きになれない人も多くいる。

それと同じように、ゲンジボタルはゲンジボタルと、ヘイケボタルはヘイケボタルとしか恋に落ちないと勝手に決めつけるのはおかしい。ゲンジボタルとヘイケボタルが恋に落ちることだって、ないとは言い切れないのではないかと思ったのだ。僕は案内人に声をかけた。

「先ほど、ゲンジボタルとヘイケボタルはそれぞれ間違えることはないとおっしゃっていましたが、本当に、絶対にないのでしょうか？　だって、ゲンジボタルとヘイケボタルが恋に落ちるなんて素敵じゃないですか？」

「うん、ないと思います」

どうやら、蛍の世界で、間違った相手を好きになる事はないのだそうだ。

季節は秋。僕は小児喘息《ぜんそく》をもっていたが、大人になってから症状は安定している。ただ秋だけは、気をぬくと喘息になる時期でもあり、この秋僕は、完全な喘息の症状に襲われた。

一番辛いのは夜眠りにつくまでだ。横になると咳《せき》が止まらなすぎて嗚咽《おえつ》してしまう。咳がなくてもただでさえ息が苦しい状態なのに、咳き込んでしまうと息を吸うことすら困難になり、その咳が止まらないと嘔吐して、また息を吸う暇がなくなり、涙を流すしかないのだ。僕がベッドで苦しみと格闘していると、隣に寝ていた弘樹が言った。

「うるさい！　俺は明日も朝早いんだ！　咳をされると寝れないんだよ！」

確かに咳がうるさくて迷惑だろうと思った僕は、布団を出てリビングに移動した。しかしリビングには暖房がなかったので、ジャンパーを着て寒さを凌ごうとしても寒すぎる。キッチンのコンロに火をつけて手をかざし、暖を取ってみても、咳は一向に治まらなかった。

すると寝室のドアが開き、彼は僕に、外に出るように言い放ったのだ。

「もう、うるさくて寝られない！　外行って咳してよ」

そう言うと弘樹は寝室に戻った。

こうなったら仕方がない。やっと息をしている状況で、僕は咳が落ち着くまで家の外へ出るしかなかった。咳が治まってきたら、部屋に戻ってベッドに入る。でもベッドに入り横になるとまた咳が出るから、また外に出て落ち着かせる。僕は外で凍えながらうずくまり、結局朝まで外で過ごした。蛍のことを考えながら。


蛍は恋する相手を間違えない……。

でも僕は何度も恋をする相手を間違えてきた……。

初恋の司に始まり、今までずっと、何人も何人も……。

蛍はわがままを言わない。僕はわがままを言う……。

僕は幸せな家庭を築きたい。ゲイのくせに、これはわがままなのかもしれない……。

このまま弘樹と付き合っていて僕は幸せになれるだろうか……。

弘樹を選んだのは間違いだったのかもしれない……。

今まで何人の男を好きになっただろう……。

そのどれもが間違いだったのか……。

恋の相手を間違わない蛍になりたい……。
弘樹を好きだ。でも好きな気持ちだけでは何にもならない……。
いつか弘樹と別れの時がくる、そう遠くない未来だ……。
その時は弘樹のためにもキッパリと別れよう……。

決意した、苦しい夜だった。

変態競パン青年

この頃、ネット通販から月に四本以上もの「エアーダスター」が送られてきていた。僕はそれを一瞬不思議に思ったものの、車好きな彼のことだから、車のどこかのお掃除でもしているのだろうと、あまり深く考えてはいなかった。

それ以外にも、近頃の弘樹の様子が、どうもおかしいように思えていた。それは第六感的なものではなく、現に、おかしな行動を何度か目撃していたからだ。ただ、それは弘樹が自身のフェチに対して、だんだんと大胆になってきているからとも思えていた。

例えば、僕がたまたま、彼の自慰行為中に寝室に入ってしまったとき、彼は、その行為を隠すわけでもなく、恥じるわけでもなく、「おしりを叩いてほしい」と懇願してきたのだ。その懇願の仕方が、何かが憑依《ひょうい》しているような、なんとも言えない不気味さを感じさせたのだ。僕は仕方なく、彼のおしりを思いっきり叩いて、寝室を出た。こんな時に僕が逃げ込んでいたのが、近所の水タバコBARだった。

水タバコBARの常連とはみな友好な関係を築いていて、なんでも相談できる人たちだった。この夜も、さっき目の前で起こった「おしり叩いて事件」や、最近なぜだかエアーダスターがやたらと届くことを話すと、仲間の一人が言った。

「うん、それ、完全にエアーダスター、吸ってるよね」

「エアーダスターを吸う?」意味がわからなかった。エアーダスターは吸うものではない。吸ってどうなるものなのか全く見当もつかなかった僕は「論より証拠」と思い、試してみようと、誰にも言わず決意したのだった。

翌日。一人きりの時間を見つけ、エアーダスターを教わった方法で吸った。その瞬間目の前が「さあぁー」と暗くなり、身体の感覚が遠のき、元々少ない理性もが飛んでいくのを感じた。そして何故だかムラムラした気分だけが身体全体に広がっていく……。

しばらくして完全に冷静さを取り戻すと、僕は服を全部脱いだ状態で、自慰行為をした後だった。身体がジンジンするような感覚だけが残っていた。この実験で弘樹がここ数ヶ月していたことや「おしり叩いて事件」の時もエアーダスターを吸った状態だったことを確信したのだった。

弘樹が帰宅したら問い詰めようとも思ったが、もっとちゃんと証拠を集めたいと思った僕は、弘樹が寝ている間に携帯をチェックする計画を企てた。だって、エアーダスターを吸うなんてことを、自分一人で思いつくはずがない。そんなことを弘樹に教えた「誰か」がいるはずだ。

弘樹が寝静まった後、僕は彼のスマホを充電機からそっと引き抜き、まずはツイッターを開いた。もちろん僕らは、お互いのツイッターアカウントをフォローし合っていたのだが、彼のスマホからツイッターを開くと、見たことのないアカウントの画面が現れた。


『変態競パン青年』


それが彼の裏のアカウント名だった。変態競パン青年のツイートには、顔は写っていないものの、僕との過去の行為の画像とともに、彼のコメントがつぶやかれていた。

「おしりを叩かれてお仕置きをされた」というツイートは昨日の日付で写真付きで投稿されている。

さらにダイレクトメッセージを覗いてみると、どこかの怪しいパーティ主催者とメッセージのやり取りをしていた。どうやら弘樹はそのパーティに参加していたようだ。メッセージの内容から察するに、そのパーティで怪しい薬のやり取りがあったような内容だった。

翌日、弘樹が大量の競パンを隠している引き出しを探ってみると、茶封筒に入った怪しい物を発見してしまった。かなり悩んだが弘樹には何も言わず、僕はそれを全部トイレに流して捨てた。

それがなくなったことに気がつかれるのは時間の問題で、僕が捨てたことはすぐバレるはずだ。怒られるかもしれないと思ったが、それからしばらくたっても弘樹からなにか言ってくることはなかったし、僕もなにもなかったように接した。

それから一ヶ月経たないうちに、代引きの荷物が届いた。弘樹宛てだ。

差出人は聞いたことのない会社名で、品物の欄には『インテリア』と書いてあった。

インテリアなんて、弘樹がお金を出して買う訳がない。もしかしたら僕へのプレゼントかもしれないと思い、中身を想像した。

荷物は、クッション材が中に入った小さな封筒で、インテリアにしては小さすぎる。そしてこのサイズにしては代引きの値段が高すぎた（ダイヤでも入っていれば別だが）。

嫌な予感がした。

彼氏であろうが、今まで他人の荷物を開けたことはないが、勇気を出して開けてみると、中身は、前に僕がトイレに流して捨てたのと同じ物だった。僕自身もう、どうしたらいいのかわからなくなっていた。

それから弘樹はみるみるうちに様子がおかしくなっていったのだった。

闇

最初の症状は不眠だった。夜眠ることができなくなってしまった弘樹は心療内科に通い、睡眠導入薬を処方されていた。どういった診断をされたかは話してくれなかったが、睡眠薬を飲んでどうにか眠りにつく生活がしばらく続き安心していた。だが、その安心は長くは続かなかった。

弘樹は「睡眠薬が効かなくなってきた」と言っていたが、どうやら本当にそのようだ。ある晩、弘樹はいつも通り睡眠薬を飲んで眠りについたが、しばらくするとハッ！　と目を覚ました。その「ハッ！」につられて、僕も目を覚ます。

弘樹は足音をたてないように、寝室の窓に忍び足で近づき、カーテンの隙間から外を覗いている。何が起きているのかわからなかった。

僕が小声で「どうしたの？」と聞くと、弘樹は小声で「誰かが見てる……」と言った。寝室を覗かれるなんて気持ちが悪い……と最初は思っていたが、弘樹が三十分に一度起きて、同じことを繰り返しているのを見ていると、どうやら誰かが見ているというのは弘樹の妄想なのではないかと思えてきた。

結局この夜、僕らは一睡もできなかった。そしてそんな夜が何日も続き、弘樹と僕の体力も、精神力も限界だった。そしてまた新たな事件が起きる。

この日、僕は仕事で帰りが遅くなってしまった。何日もほとんど眠れていないから、体力の限界はとっくに超えている。ただ、人間の身体は不思議なもので、限界を超えても非常用電源に切り替わったかのように、仕事に行けちゃうものなのだ。ガソリンがなくなったらパタリと動かなくなってしまう自動車などとは違う。これが生命力というものなのかもしれない。

とにかくこの日は、帰ったら速攻寝ようと考えていた。家に着き、玄関ドアの鍵を開け、ドアを開くと目の前に弘樹が立ち尽くしていた。

「びっくりした！　何してるの？」

「覗き穴から、ずっと見張ってた」

弘樹はヒソヒソ声で言った。

「見張るって何を？　ずっとっていつから？」

「ずっとはずっと」

「なんで？」

第６章　焦って、走って、転んで、起き上がって。

弘樹は、恐怖と驚きが混じったような顔で僕を見つめ、ヒソヒソと話を続けた。

「監視されてる……ずっと。隣に引っ越してきた人は北朝鮮の工作員で、俺を拉致《らち》しようとしている……」

弘樹の顔が青ざめている。

「弘樹、変な薬やってたでしょ？　僕知ってるんだよ。見つける度に何度も捨てたけど、今もその薬をやってるから幻覚が見えちゃうんじゃないの？」

「違う！　何回も捨てられてから今は使ってないもん！　信じて！」

「薬のせいじゃないなら病院行った方がいいよ。医者にはちゃんと変な薬をやってたことも話した上で診察してもらいな！」

「わかった」


それから弘樹は、会社を休みがちになっていった。会社を辞めている僕からすると、長い人生いくら休んだっていいし、どうせなら辞めたって構わないと思うのだが、真面目な弘樹からすると「自分は会社をサボっている」と思えるらしく、療養のための休みのはずが、罪悪感に苛まれるための休みになるようだ。

弘樹は「死にたい」と言った。その言葉が僕にも重くのしかかり、苦しかった。

なんでそんなことを言うのだろうか……僕のせいだ……。僕と付き合っていなければ、僕と同棲していなければ、弘樹は元気だったかもしれない。弘樹にもっと優しくしてあげていれば……。

弘樹の「死にたい」願望は日ごとに強くなっているように感じ、このままでは本当に危ないと思った。僕にも仕事があるので、一日中弘樹のそばにいることはできないが、目を離すのが怖かった。

弘樹には申し訳ない気持ちもあったが、弘樹の親に相談するしか手はない。僕が知っていることを全て伝えて、弘樹のために協力してもらおうと考えた僕は、弘樹に買い物に行く、と伝え、近所の公園に行き、弘樹のお母さんに電話をした。

「弘樹君は最近、精神状態を崩しています。眠れないみたいで、睡眠薬を使っています。お医者さんにどこまで話をしているかわかりませんが、幻覚をみるようで、誰かに監視されていたり、追いかけられたり、拉致されると言ったりするんです。変な薬物を使っていたことがあって、その影響なのかはわかりません。会社に行くのも、会社を休むのも辛いようで『死にたい』と言っています。一度、様子を見に来ていただくなり、落ち着くご実家の方で療養させるなり、お力を貸していただけませんでしょうか？」

弘樹のお母さんは電話の向こうで泣いていた。そりゃそうだ、自分が産んで育てた息子に「死にたい」なんて言われるのは、どれだけ辛いだろうか。伝えるのも心苦しかったが、事実を話した方がいい。それにしても、普段声がデカイ人は、泣き声までデカイのだなと思いながらお母さんが落ち着くのを待った。

「主人に相談します。こういうことは夫婦で話し合わなければいけないと思うので。主人が帰宅したらなるべく早く相談してまた連絡します。ごめんね、弘樹をよろしくお願いします」

電話を切った後、お母さんにちゃんと状況が伝わったのかと心配になった。だって、僕の母なら、全てを投げ出してでも一目散に駆けつけるはずだ。それが母というものだと思っていた。息子が「死にたい」と言っているのだ。冷静に考えると、お母さんが悲しんで泣いている場合でもない。苦しんでいるのは弘樹だ。親が泣いたって何の役にもたたない。夫の帰りを待って相談するという余裕はどこからくるのだろう。そもそも何を相談することがあるのだろうか。多少憤りを覚えたが「母とはこういうもの」という自分の考えがおかしいのかもしれないと感じずにはいられなかった。

翌日、弘樹はどうしても会社に行かなくてはならず、僕は弘樹を見送った。その後、弘樹のお母さんからの電話に出ると、少し戸惑ったような声でこう言った。

「主人がね、『東京の人はみんな薬ぐらいやってるんだ！』と言うのよ……」

「いやいや。お父さんもショックを受けて理性をなくされたのでしょうか？」

「あのぉ……。そのぉ……、ゲイの人たちってみんな、そういう薬を使わないとデキないんじゃないですか？　興奮するためにとか……」

いちいち、人をイラつかせる母親だ。

「お母さん。ゲイだからってわけではないです。僕はゲイですがそんな薬を使わないけど東京に暮らしていますよ。ゲイを何だと思ってるんですか。それに日本の中心である東京の人が、みんなヤク中だったらおかしいでしょう。ショックなのはわかりますが、お父さんもどうかしてますよ」

「では、どこでそんなモノを覚えたのでしょう……」

「弘樹君にはフェチがあるんです。競泳パンツを穿くのが好きで、同じ趣味の人に会おうと交友関係を広げていく中で怪しい人たちと知り合ったみたいで、そこでそういうものに手を出してしまったのだと思いますよ」

どうにでもなれ、と思った。

「息子はピタッとしたパンツが好きってことですね。それともゲイの人はよくそういったパンツを穿くのでしょうか」

「お母さん！　ゲイだからと言うのはやめてください！　ゲイのセックスも男女とたいして変わらないです。異性愛者にもいろんなフェチの人がいるように、ゲイにもいろんなフェチの人がいます。弘樹君のお父さんにも何かしらフェチがおありなんじゃありませんか？　親子だし！」

「うちの主人はトランクス派です」

「どうでもいいです！」

僕も弘樹のお母さんも疲れていた。

「お母さんに言うのも心苦しいですが、弘樹君は毎日『死にたい死にたい』と言ってますよ。だからと言って、僕が一日中目を光らせておくことはできません。本当に何かあったらと思うと僕も心が休まらないし、ろくに眠れていません。それに一番辛いのは弘樹君なんです。だから協力してくれないかとお願いしているんです」

「私も息子のことを聞いてから、ろくに寝てませんよ！　寝られるわけがありません！　それほど心配しているんです。ですがウチの主人は公務員なんです。娘は一生懸命頑張って合格した京都大学に通っています。今、そんな状態の弘樹が実家に帰って来たとすると、こっちは田舎なのですぐ噂になってしまうんです。主人の仕事や、頑張っている妹にも迷惑をかけてしまうんです。なので良輔君が弘樹の側にいてあげてもらえないでしょうか」

耳を疑った。そして悟った。何を話しても無駄なのだと。僕の感覚がおかしいのだろうか。困っている人に手を差し伸べるのに、公務員という肩書や名門大学のブランドや土地柄が関係あるのだろうか。しかも困っているのは自分の息子だというのに。弘樹は僕が見守るしかないのだ。

電話を切った後、弘樹のお母さんが言ったことを頭の中で整理していると、段々と怒りがこみ上げてきたが、そのやり場はどこにもなかった。

その晩、弘樹のスマホが鳴った。弘樹のお母さんの声が漏れ聞こえたので、耳を傾けた。やっと動いてくれた。僕は何か変わるかもしれないと期待していた。弘樹は、電話に出てしばらくは、普通に会話をしていたが突然泣き出し、電話先のお母さんを怒鳴り出した。

「お前は嘘つきだ！　お前のせいで俺はこんな人間になってしまったんだ！……そんなこと知らん！　もう死んでやる！　俺が死んだら、全部お前のせいだからな！　一生悔やんで生きろ！」

お母さんが、変な薬はやめるようにと言ったのだと思う。そして、電話先のお母さんの叫び声が僕にまで聞こえた。

「アンタが死ぬんやったら私も死ぬー!!　一緒に殺してー!!」

なんでそうなるのかと思った。精神状態が不安定で「死にたい」と言う息子に「私も一緒に殺して」と叫ぶ弘樹の母。僕には理解ができない。

弘樹はお母さんに「勝手に死ね！」と叫んだ。弘樹の言う通りだと思ってしまった。

母と息子の電話はここで終わった。僕が想像していた円満な解決にはならなかったが、狙い通り、お母さんに知られたことで、薬のことは反省している様子だった。その証拠に、僕に対して「親にチクっただろう！」とか、そういったことを責めてくる様子はなかったし、時間が経つにつれ穏やかな表情になっていった。

なんとなく二人でＴＶを観ていたら、ディズニーランドのＣＭが流れてきた。弘樹は大きなため息をついて言った。

「なんで俺がランドに行きたがらないか、わかるか?」

「わからない。なんで?」

「あそこに行くと子どもを連れた家族がたくさんいる。あれが本当の家族だ。俺に家族は作れないから観ていて悲しくなるんだ」

「なんで作れないの?」

「俺らみたいな人間は、失敗作なんだよ。家族も持てないゴミ、カス!」

「そんなことないよ」

「ハッキリ言っとくけど、特に良輔みたいな人間は、自分を失敗作とも気づかない、タチの悪い失敗作だよ。社会からしたら、ただの、うるさくて厄介な欠陥品」

「僕だって、自分をゲイだって認めた時は、自分を失敗作だと受けとめているような気持ちになったよ。でも、ゲイだから家族をつくれないと思ってしまうような社会が良くないだけでしょ? 失敗作は僕らじゃない。社会がまだ、未完成なだけなんだよ」

「良輔はこの日本社会を何もわかっていない! 周りにいるゲイの友達だって、仲間うちで一緒にいる時は楽しくやっているけど、会社でオープンにしてる人なんてほとんどいない。なんでかわかるか? 今の日本にはそういうものをタブーとする風潮があるんだよ! 良輔は社会に出ていないから、わからないだろうけど、日本社会も、どこの会社も、俺らみたいな人間なんてどうでもいいし、LGBTの権利を叫ばれても『うるせー奴らだなぁ』くらいにしか思わないんだよ。そんなこともわからないで、結婚したいとか言ってるゲイは、ただのタチの悪い失敗作だって言ってるんだよ」

「社会からタブー扱いされる人間が悪いんじゃないでしょ。少数派の人間をタブー扱いする社会が悪いんじゃん！」

「だからそれは綺麗事なんだよ。良輔がやってるジュエリアスの活動だって、絶対続かない。だからそんなことにエネルギーやお金を使ってないで、再就職して社会のルールに従って生きた方がいい！　もういい歳だろう」

「ジュエリアスのことなんて何も知らないくせに。僕は、どんな人にでも平等に、結婚して家族を持つ権利があると思うの。なにが悪いの？」

「悪くないけど、そんなの無理に決まってる。当事者がどんなに声をあげても、企業や一般人からしたら、めんどくさい話なんだよ。世の中はもっとたくさん、山積みの問題があるんだよ。そしてどの問題も何年経ってもそんな簡単には変わらない！」

「たしかに、社会を変えるなんて大きなことを、僕にはできないかもしれない。けど、どんな世の中であっても、僕はゲイとして幸せを掴むよ！　弘樹と違って僕は、自分の不幸を時代やセクシュアリティや国や母親のせいにはしない！　僕が誰よりも幸せなゲイになって、多くの人に『こんな時代でも、どんなセクシュアリティでも、幸せになれる』ってことを証明してやる！　その相手が弘樹ではないようなのが残念だけど、僕は幸せになるから！」

「好きにすればいいよ！　俺はもう知らないからね。俺は無理してでも、女と結婚するから」

「素敵な結婚生活になるでしょうね！」

「良輔にはわからないかもしれないけど、それが当たり前なんだよ！」

「わかりたくないね！　そんな考えをしていたら死にたくなるのも当たり前だわ！」

「前から考えてたんだけど、俺、もう東京にはいられない。仕事辞めて、実家に帰ろうと思ってるんだ。今、実家の近くで仕事を探してる」

「そうなんだ……もう、お別れだね」

「良輔とは別れないよ」

「いつか女の人と結婚する人と、なんで僕が付き合ってなきゃいけないの？　冗談は顔だけにしてください。別れるからね！」


次の朝、僕は弘樹の話し声で目を覚ました。まだ眠ってから数時間も経っていない。リビングで誰かと電話でもしているのだろうと思い、誰と電話しているのかと布団の中から耳をすましていると、どうやら、おばあちゃんと電話をしているようだ……。

おばあちゃん？？

その瞬間、本当に目が覚めた。弘樹のおばあちゃんはお二人とも亡くなっているはずだ。リビングのドアをそーっと開けると、弘樹は電話をしているのではなく、誰もいない方へ向かって会話をしていた。

「弘樹、誰と話してるの？」

「おばあちゃんが来てる」

「おばあちゃんの霊ってこと？」

「霊？　霊なのかな……」

「お茶でも出す？」

「いらないって。おばあちゃんが良輔のことを『変な奴』って言って、笑ってる」

「あ、そう。それならおばあちゃんにこう伝えてくれる？　ここは僕のお家でもあるの。ウチに来るなら、僕に挨拶くらいしなさいよって。それが礼儀でしょ？　起こしやがってクソババア」

「やめてよ……。良輔の態度におばあちゃんが怒ってる……。すごく気の強いおばあちゃんだから、怒らせたら大変なことになるよ。ねえ、お願い、良輔、おばあちゃんに謝って！」

「イヤだね。悪いけど弘樹のババアより、僕の死んだおばあちゃんの方がよっぽどデキた人間です。天国からウチのおばあちゃんを召喚してお前のババアと戦わせようか？」


弘樹がおばあちゃんとお話しする姿がリアルすぎたため、弘樹の幻覚なのか、本当に幽霊がいるのか見当もつかない。どっちかと言うと本当に霊がいるのだと思えていたほどだ。

「僕はもう少し寝るから、静かに会話してね。ババアに『ごゆっくり』と伝えて」

そう言ってベッドに入ったが、寝られるはずがない。しばらく弘樹とババアの会話を聞いていた（もちろん僕には弘樹の声しか聞こえないが）。

しばらく弘樹は何かを話していたが、変化が訪れたのは突然だった。それを理解するまで時間はかからなかった。

今までおばあちゃんの霊（?）と会話をしていただけの弘樹だったが、何かの拍子で弘樹自身が、おばあちゃんになってしまったのだ。

やばいと思った。さっき、弘樹のおばあちゃんに「クソババア」と言ってしまった。ババアが弘樹の身体を借りて、僕に仕返しをしに来るかもしれないと思った。このまま寝室に立て籠もり、おばあちゃん化した弘樹の様子を見守ることにした。

弘樹に憑依したおばあちゃんが最初にとった行動は、（弘樹の）スマホを駆使して（弘樹の）お父さんに電話をかけたのだ（すげぇババアだ）。

弘樹が、弘樹のお父さんへ電話をかけているのだが、弘樹は今、おばあちゃんになりきっているので、お父さんに電話をしているというよりは、息子に電話をしているのだ。

弘樹のお父さんが電話に出たようだ。

「和樹（弘樹の父の名前）、お前にはずいぶん苦労をかけたなあ……元気じゃったか?」

……僕はこれまでに、弘樹の両親には散々助けを求めてきた。

死んだ母親になりきっている息子と話をしているお父さんは、いまどんな気持ちだろうか。電話の向こうで動揺しているに違いない。

これで少しは弘樹の状況が、弘樹のご両親にもわかってもらえるだろうと思ったら、急に眠気に襲われた。そして、この電話がキッカケで「東京の人はみんなヤク中」と言い放ったトンチンカンな公務員お父さんは、お母さんに、弘樹を迎えに行くよう言ったようだ。

お母さんが新幹線で東京に着いたのはそれから数時間後だった。

これまでお母さんに対し、「俺がこうなったのはお前の育て方が悪いからだ！」とか「お前が嘘つきだから、全部お前のせいだ！」などと電話で当たり散らしていた弘樹だったが、東京に来てくれたお母さんの姿を見た途端、安心したように、いい意味で力が抜けていって、数時間前の弘樹とはまるで別人のようになっていた。心配した妹さんも駆けつけてくれていた。

弘樹のお母さんは我が家に入るなり、「なんか不気味なアパートね。こんなところに住んでいたら、心も不健康になるはずだわ」と相変わらずでかい声で言ったが、僕は聞かなかったことにした。こんなところでも、掃除をしているのは僕なのだ。


お母さんは、弘樹を連れて帰ると申し出たが、弘樹はそれを丁寧に断った。

会社をキチンと辞めたいと思っていることや、実家の近くで新しい仕事先を探していることを話していた。だからあと数ヶ月だけ、連れて帰るのは待って欲しいとのことだ。

弘樹は本当に真面目な奴だ。

あと数ヶ月。それまでは僕が責任をもって弘樹を見守ると誓った。

弘樹が実家に帰るということは、僕も引っ越さなければならない。賃貸契約の名義は弘樹の一人暮らしという名目で、僕はただの居候だったため、僕だけ住み続けることは不可能なのだ。


それから、数ヶ月。弘樹と僕は同じ部屋で暮らしてはいたけれど、前のような関係に戻ることはなかった。距離を置き、静かに日々を過ごしていた。

そして引っ越し当日、家具は全部僕の新居に運び込まれた。

家具の搬入が一段落して、弘樹との家へ一旦戻った。弘樹は次の日、この家の鍵を大家に返却し、関西へと帰るのだ。

何もなくなった広い部屋に、次の日捨てる布団だけが一つ敷いてあって、その上に弘樹がぽつんと座っていた。僕は弘樹の隣に座った。

「弘樹。引っ越し、無事に終わったよ。ありがとう。今まで本当にありがとうね。明日、鍵の返却と布団のゴミ出しお願いね」

「別れないから……」

「ううん、もう別れてるよ。僕だって悲しいけどね、もう終わってたんだよ」

「良輔はほんとクズ人間！　人間のカス!!」

「そうだね、今までありがとう」

弘樹を部屋に残し、僕はドアを閉めた。振り向くことはなかった。前に進む。ただそのことしか考えないようにしていた。

第7章

最後の恋であるように。

同じ名前の「りょうすけ」君

弘樹と別れ、一人暮らしとなった僕は、ある人に連絡をしていた。

「同棲していた彼氏と別れて、一人暮らしを始めました。今週末よかったら遊びに来ませんか？」

彼との出会いは、その一年ほど前のお正月だった。

弘樹はこのとき関西の実家へ里帰りをしていたから、僕は一人東京で、寂しい年末年始を過ごしていたのだ。弘樹との生活に疲れきってしまっていて、なんとなくゲイ向けの掲示板を覗いていているうちに彼と知り合い、会うことになった。

最初の会話が、印象的だった。

「良輔って本名ですか？」

「本名だよ。どうして？」

「掲示板に本名を出す人って珍しいですよね。実は俺の名前も『りょうすけ』なんですよ。漢字は『亮介』ですが」

僕らは、お互いの免許証を見せ合い、正月元旦ということもあって、ビールで乾杯をした。

初めて会ったのに、なんだか懐かしい人だな、と思った。自然と弘樹との日々についても話をしていた。

亮介君は、そんなに口数の多いタイプではなかったけれど、僕の話を優しく受け止めてくれた。僕の心が弱っていたのかもしれないけど、別れる時に、泣きそうな気持ちになった。

だから弘樹と別れた時に、亮介君のことが頭に浮かんできて、思い切って連絡をとったのだ。

「同棲していた彼氏と別れて、一人暮らしを始めました。今週末よかったら遊びに来ませんか?」

亮介君からの返信は早かった。

「今週末は彼氏と旅行に行く予定なんです」

正月に会ったとき、亮介君にはパートナーはいなかったけれど、どうやら彼氏ができていたようだ。

その彼氏と、どんな夜を過ごすのだろうか……。そう思うと、僕の心の中に軽い嫉妬心が芽生えていた。我ながら驚いてしまった。

今まで彼氏がいたのは僕の方なのに。きっと、亮介君のような人と、こんな自分に縁があるはずないのだ。そう言い聞かせた。

亮介君から再び連絡があったのは、それから数ヶ月後だ。

「彼氏と別れました。良輔くんの家、遊びに行っていいかな?」

「彼氏とは、どうして別れたの？」

僕は亮介君に、彼氏と別れた理由を聞いてみた。

「彼のクセが気になって。食べ方とかそういうの。気になり始めると、どんどんダメになって、これ以上無理だと思って別れました」

驚いた。実はそのときの僕は、亮介君に彼氏ができたと知って、「亮介君をいさぎよく諦めよう！」と、あるお寿司屋さんとの付き合いをはじめていたのだ。ただ、その人には、いつもお酒を持ち歩いていたり、ボディパーカッションを頻繁にやるクセがあって、それがずっと気になっていた。でもいちいち注意すると嫌われるだろうし、できるだけ寛大でいたい、と思って言わないでいたら、かえってストレスを溜めこんでしまっていたのだ。

やっぱり亮介君には、なんでも正直に話せてしまう。

「僕も同じような状況なんです。実は……亮介君に彼氏ができたと聞いて、僕も負けじと彼氏を作ったんだよ。でも、その彼のクセが気になって、イライラするの。でもそのくらい我慢しないといけないと思うんだ。だって、僕はいつか結婚がしたいの。結婚は忍耐ってよく言うでしょ？」

「良輔君は結婚がしたいからその人と付き合ってるの？　その人だから結婚したいと思ってるの？　好きな人と付き合って、この人と死ぬまで一緒にいたいと思って、初めて結婚を意識すればいいんじゃないかな？」

「結婚って、そんな簡単なものなの？　そんな人、僕にも現れるのかな？」

「良輔くんなら、絶対に現れるよ」
「そうかな……」
「大丈夫！　絶対大丈夫」
「ありがとう。何かあったら、話聞いてくれる？」
「もちろん。俺にできることならなんでも言ってね」

その後、僕がお寿司屋さんと別れ、亮介君とのお付き合いが始まったのは自然な流れだった。

亮介君の肌は小麦色に焼け、筋肉質な身体をしている。心も身体も委ねることができる。それだけではない。彼との行為には、紳士的な彼には似つかわしくなく、激しいが激しいだけではない、愛と情熱がこもっていた。

ベッドが激しく揺れる度に、寝室のスライドドアはガタガタと音をたてて揺れていた。

亮介君とのこの行為が本物で、今まで経験してきたものは、お遊びか、この日のための練習だったような、そんな感動を味わった。

この感動を亮介君に伝えると、彼は「それは、相手が良輔君だからだと思います」と少し照れたように言った。

それに、亮介君の性格はとても几帳面で、僕と真逆。でもそれが、しっくりきた。

ずぼらな一人暮らしをしていた僕の家は、インターネットの配線が壁の差込口から宙を浮いて伸びていて、トイレに行く際には、その配線を、足を上げてまたがなくてはならない。亮介君はそれがどうしても気になるようで、長い配線を買ってきて、壁の縁《ふち》にキチンと這わせ、配線自体が見えないようにしてくれたし、ドアの音が気になるのか、ドアにクッション材を張り付けて音が出ないようにしていた。僕にはないものを、たくさん持っている亮介君に、ますます魅力を感じた。

そして……。

亮介君との付き合いが始まってからすぐ、一生忘れることのできないような、悔しい事件が起こる。

葛西警察署

亮介君と付き合ってから、数ヶ月ほどたった。僕はゲイのお友達やそのお友達などを自宅に招いて鍋パーティをした。その時に、僕は財布を紛失してしまったのだ。

家にあったはずが、おかしいと思った。だけど、自分のことだから、どこかに落としてしまったのだろうと考えるようにしたが、それから数日して、僕の財布の行方は思いもよらない形で明らかになった。

それは見知らぬ人（Ｈさん）からの連絡で知ることになった。Ｈさんはある人に携帯ゲーム機を盗まれたのだそうだ。Ｈさんは犯人を追いかけて、何とかゲーム機を返してもらい、犯人に身分証を見せるように言ったらしい。すると犯人は『七崎良輔』つまり僕の保険証をＨさんに提示したのだ。

Ｈさんは僕の保険証を写真に撮り『危険人物』としてＳＮＳで拡散しようとしたが、七崎良輔で検索すると本物の僕の画像が出てくる。そこで、ＨさんはＳＮＳから僕に直接連絡をくれたのだ。

「最近、財布を盗まれたりしませんでしたか？」

「財布紛失中です！　なぜですか？」

「Ｋと名乗る男が、僕のゲーム機を盗んだので、身分証を見せるように言うと、七崎さんの保険証を出したんです。僕は七崎さんの保険証の写メをＳＮＳに晒《さら》そうとしていたのですが、その前に本人じゃないと気がついてよかったです。七崎さんが失《な》くしたと思われる、紺の財布を、Ｋは持っていました」

Ｈさんとやりとりをして、犯人の顔写真などを見せてもらうと、Ｈさんのゲーム機を盗んだ人物と、鍋パに来ていたKは同一人物だということがわかった。

鍋パーティにKを誘った人は、Kとは知り合ったばかりで、この時すでに、連絡も取れなくなっていたようだ。


後日、犯人Kから僕宛に封筒が届いた。それは、直接ポストに入れられていた。

「事情があった。ごめんなさい」と書かれた手紙と共に、空っぽの財布だけが入っていた。僕は事情を亮介君に説明し、彼と二人で葛西警察署へと向かった。


葛西警察署の刑事に全てを話し終えると刑事は、亮介君に向かって「あなたは?」と聞いた。

「彼は、僕の彼氏の亮介君です。一人では心細いので一緒に来てもらいました」

「そうですか。それなら、あなたはここでお待ちください」

刑事が言った。僕は亮介君と引き離され、奥のホールへと連れていかれた。そこには警察官や刑事が六人ほどいて、僕は彼らに囲まれる形になった。すごい威圧感だ。

「その鍋パーティというのは、どういう人の集まりなんでしょうかね?」

「ゲイの集まりです」

「ってことは、犯人のKも、同じくゲイってことですかね?」

「そうです」

「なるほどね〜。ん〜、どうしようかね〜」

「Kを捕まえてください。今回だって、僕の身分証を変なことに使われた訳だし、SNSに晒されかけたんです。そんなことになれば、僕としては大変なことになってしまうでしょ？　それに、戻ってきた財布も手紙もあれば、指紋が採取できるんじゃないでしょうか」

僕は刑事に、犯人を探してもらえるようにお願いした。

「うん～、ただね、あなたが今日ね、ここでね、犯人を捕まえてくださいって言ってね、盗難届を出していかれるのならね、私たちはね、必死に犯人を探すことになるんですよね」

「そうですか。じゃあ、お願いします。盗難届を出します」

「でもね、あなたもね、ゲイだし。その犯人もね、ゲイなんでしょう？」

「そうですけど、だから何なんですか？」

刑事の言いたいことがわからなかった。

「いや、何が言いたいかと言うとね、あなたがね、今日ここで盗難届を出すとね、私たちはね、必死に努力をして、犯人を捕まえますよ。それが仕事ですからね。でもね、お互いゲイとなるとね、私たちが犯人を捕まえてきたとしてもね、お互いを好きになっちゃったりして、『やっぱり訴えません～』とか言われちゃうとね、私たちが働いた意味がなくなっちゃうんですよね。だからね、捕まえてから、訴えるか訴えないか悩むくらいならね、最初からね、盗難届じゃなくてね、紛失届を出してもらいたいのね。だってよくあるでしょ？　愛だの恋だのって言ってね。お互いゲイなんだしね」

「はあ……」

「紛失届を出しておけばね、身分証が勝手に使われたとしてもね、あなたに被害はないからね」

僕にはこの刑事の言うことの意味がわからない。

「刑事さん。もしKが捕まったとして、どちらもゲイだからといって、僕がKと恋に落ちることはないと思いますよ。さっき、僕の彼氏がいたでしょう？　一緒に来たのが僕の彼氏ですよ」

「でもわからないでしょ。そういうもんはね」

「自分の財布を盗んだ犯人と恋に落ちる訳がないでしょう！　頭大丈夫ですか？　あなたは被害者が女性で、犯人が男性の場合、同じことを言うんですか！　犯人捕まえても、恋に落ちるかもしれないなんて！　そんなのバカすぎません？」

僕はできるだけ軽蔑を込めた目で刑事を見ていた。

「でも、二人ともゲイな訳でしょ？　絶対ないとも言い切れないでしょう、ね？　そもそも、この鍋パーティだってね、本当に鍋をしただけなのかな？」

「ちょっと待ってください。僕が自宅で乱交パーティでもしていたと言いたいのですか？」

「そうはっきりとは言いませんけど、ね？」

「やー。もう。どうしよう……。あなた、本当に失礼ですよね？」

「そういうこともよくあるんでしょ？　ね？　あなたたちの世界ではね。ドラッグを使用している可能性もなくはないしね？」

こんなやり取りが一時間近く続いた。刑事を殴ったらどうなるのだろうかと考えたが、次第に心身共に疲れ、怒るエネルギーもなくなっていく。

「刑事さん、あなたは結婚されていますか？」

「してますね、はい」

「奥さんは気の毒な方ですね。だって貴方は最低な人間だ。だって、これって、酷《ひど》すぎませんか？　私は財布を盗んだ犯人を捕まえてくれと、お願いしているだけなんですよ。こんなことが、許されるんですか？　酷すぎませんか？」

僕は取り囲む警察官たちにも同意を求めたが、彼らは一斉に、僕から目をそらした。

「私はね、こう見えてね、家族にはとてもよく思われてるんですよ」

「ご自身でそう思っているのは自由です。ただ僕は、犯人を捕まえてくださいとお願いしているだけなのに、あなた方は仕事をする気はないみたいだし、ゲイに対してとても差別的なので、もう……いいです」

「仕事をする気がないなんて失礼な！　私はね……」

「失礼なのはあなたですよ！　もういいからさっさと紛失届を持ってきてもらえます？」

僕は紛失届を書く時に、悔しくて、悔しすぎて、手が震えた。僕が紛失届を書いている最中、その刑事はずっと「盗まれたのは自分の不注意もあったはずだ！」などと説教をカマしていたが、そんなことは十分に分かっている。早くここから出たいという思いでいっぱいだった。

やっと解放されると亮介君が待っていてくれた。僕が今受けた仕打ちを亮介君には到底言えないと思った。自分自身も悔しかったし、亮介君まで傷つけてしまうように思えた。

帰宅中、亮介君が言った。

「なんか元気ない？　警察署でなんかあった？」

亮介君が心配そうな顔をしている。もう、全てを話すしかない。

「実は……、僕も犯人もゲイだから、お互いを好きになったりして、逮捕しても訴えないとか言うから、盗難届じゃなくて紛失届にしろって言われたの」

僕は悔しくて、泣きだしそうになるのをこらえて、一気に説明した。

「俺が彼氏だって言ったのにひどいね。でも良くんのことだから、負けずに盗難届を出して来たんでしょ？」

「それが、負けた」

涙が流れた。悔しぃ。

「だって何人もの警察官に囲まれて、威圧的だし、刑事なんてずっとポケットに手を突っ込んで喋ってたよ。大っ嫌いになった、警察！」

「良くん、よく頑張ったね！　今日は焼肉に行こうか」

「いぇーい！　焼肉〜」

良輔《りょうすけ》 & 亮介《りょうすけ》

2016年10月10日、東京の築地本願寺で、僕と亮介君の結婚式（パートナーシップ仏前奉告式）が行われた。揃いの羽織袴で、本堂の仏前で指輪交換をする。友人、両家の親族が僕たちの門出をお祝いしてくれたのが嬉しかった。

結婚式から2年半。几帳面な亮介君と、いい加減な僕。性格は正反対だし、時には喧嘩もするけれど、僕たちは今、仲良く、一緒に暮らしている。亮介君の趣味はカメラ。この本のプロフィール写真も、忙しい中撮影してくれた。

いいの撮れた?

僕は切り替えが早い。だが、悔しい思いをしたことはずっと忘れないタチだ。

翌日、法務省の人権相談窓口に電話をして、葛西警察署での出来事を全て話した。窓口は声からして、おじいさんの弁護士のような人だった。

「あなたのような人はね、これからもっとそういうことと戦わなくてはいけない。一致団結して、声を上げていくしかないんですよ。頑張ってくださいね」だそうだ。ありがたいお言葉をいただいた。だから、いつかこのことを、世間に知らしめてやると誓った。

一年後、山口県警から電話がかかってきた。

「実はＫという男をある罪で逮捕して、山口県警で拘留しているのでありますが、七崎さんの身分証を所持していたのでお電話さしあげました。七崎さんはお財布の紛失届を提出されていますが、どこで失くされたのでありますか？」

Ｋが僕の財布を盗んだことを伝えなくてはならない。

「実は、そのＫって人に財布を盗まれたんです」

「それではなぜ、盗難届ではなく、紛失届を提出したのでありますか？　今回Ｋは初犯ということで話が進んでいるので、拘留できる日数も限られておるのであります」

「話すと長いんですが、僕がゲイだから、Ｋを好きになる可能性があるという理由で、葛西警察署の刑事が、盗難届ではなく紛失届にしろと言ったんです」

「よくわかりませんが」

「そうですよね。言っている意味がわかりませんよね。僕にもわからないんです。思い出したくもないのですが。僕、もう一度葛西警察署に行って盗難届に提出し直します！」

「本官の方からも葛西警察署に問い合わせてみます」


僕は亮介君の帰りを待ち、二人で警察署に飛んでいき、一年前の経緯を話した。僕より亮介君の方が怒りに燃えていた。僕もあの刑事に一言、言いたかったが、その刑事はもういないようだった。当時の書類も残っていて、若い刑事さんが対応してくれた。


亮介君が言った。

「俺だけ追い出そうとしても無駄ですから。前の時のようにはさせませんよ。この子があの時どれだけショックを受けたかわかりますか？」

「はい。実は私、あの時、そこにいた一人なんです。話も全部、覚えています」

若い刑事は申し訳なさそうに言った。

「そうでしたか！　どういう思いであの時あの場にいたんですか？　僕はあの時、刑事に酷いことをたくさん言われて、悔しい思いをしたんです。ずっと忘れられませんでした」

僕は若い刑事に、あの時の悔しい気持ちを、少しでも多く伝えたかった。

「申し訳ありませんでした。こんなことを言うべきではないのでしょうが、私も、酷いなと思っていたのは事実です」

　若い刑事は申し訳なさそうにしていたが、僕の心が晴れることはなかった。酷いと思っていたのなら、なぜ止めることをしなかったのか。いじめをただ観ているのは、いじめと同じ。そんなことを子どもに教えながら、大人だってなにもできないのだ。しかも、僕はあのとき、周りの刑事や警察官にも「これって酷くないですか？」と同意を求めている。にもかかわらず、彼らは僕から視線を外し、「やれやれ」みたいな表情をするだけだった。

「あなたたちが、盗難届ではなく紛失届にしろって言って、仕事をしたくないのをセクシュアリティのせいにして、山口県警が犯人を捕まえたじゃありませんか。悔しくないんですか。まずはこの子に謝ってください！」亮介君が言った。

「申し訳ありませんでした」

　謝られても、苦い思いは消えなかったが、しかたない。僕に嫌なことを言ったのは、この若い刑事ではない。今はいない、刑事なのだ。

「あの刑事の方が偉かったんでしょうね？」

「はい、だいぶ偉い方です」

「わかりました。でも僕、いつかこのことを何かで公表しますから。法務省の人権相談窓口で言われたんです。警察の体質を正すにはそれしかないって。警察官個人を訴えられないからって」

「そうですね、私自身は、今後このような差別的なことがないように気をつけていこうと思っています」

結局、もう時間が経ちすぎていて、盗難届を今から出しても証拠がないということになった。

「一年前に盗難届を提出できていれば、犯人の指紋が残った封筒も、財布もあったのに、証拠を無駄にしたのはあなたたちですからね」最後に亮介君は念を押した。

「おっしゃる通りです。申し訳ありませんでした」


こうして、財布盗難事件はモヤモヤしたまま幕を閉じた。僕は今でもこの当時のことを思い出すだけで、悔しくて震えてくる。

僕がまだ、ゲイだと打ち明けることに怯えていた頃、警察に相談したくても、相談するとゲイだとバレるかもしれないという理由で断念することがあった。

僕の周りのゲイの友達にも、恋人と思っていた人に大金を盗まれたが、ゲイバレするのが怖くて相談に行けないという人がいる。ただでさえ、全てを打ち明けるのが困難なのに、勇気を出して警察に相談しても、その対応が差別的であれば当事者はトリプルパンチ（盗難や事件に遭い、ゲイバレして、差別的な扱いを受ける）を喰らってしまうのだ。そんなことはあってはならないと思う。


今回の件は、傷つけられたのが僕だったからよかったと思う（僕だって辛かったが）。これが若い時の僕のように、マイノリティであることに負い目を感じている人が同じ目に遭うと、それこそ生きるか死ぬかの問題になってくるからだ。

しかも、こういうことは、どこでも起こりうる。警察署や役所、学校といった公的な場所だけではなく、病院や不動産や、お寺や教会などの宗教界など、どんな業界からもこういった差別・偏見がなくなることを切に願っている。一人一人が考えていくことがとても重要だと思う。

ゲイ夫夫、良輔&亮介

二〇一五年四月――東京・渋谷の代々木公園で開催された、東京レインボープライド2015で僕は亮介君からプロポーズを受けた。

東京レインボープライドとは、性の多様性を祝福する祭典で、二〇一八年には十五万人もの動員数を誇る日本最大のイベントだ。

メインイベントのパレードには、僕の会社であるジュエリアスで、フロートと呼ばれる装飾されたトラックを毎年出していて、そのフロート車輌一台につき、二百五十名が列を作り、性の多様性を祝福しながら渋谷の街を練り歩く。

その二〇一五年のパレードでは、ジュエリアスのトラックの準備から撤収までの指揮を僕が執っていた。

パレードが終わり、フロート車輌が解体場所である駐車場に戻ってくるなり、誰かが言った。

「記念にフロートの上で写真を撮りたい！」

だが、完全撤収の時間が迫っており、僕はイライラしながら言った。

「それなら急いで！　完撤まで時間がないの！　写真撮らない人は、それまで休憩！」

僕はフロート車輌の上で写真を撮る人たちをただ眺めていた。パレードにはあさみも含め、たくさんの友人や、ご近所の方々も参加していた。

「ななぴぃと亮介君も、二人で写真撮りなよ！」あさみが言った。

「ウチらはいいよ、時間ないから！」

「いいから撮りなよ！　記念だからさ！」

「わかった！　じゃあ、ちゃっちゃと撮って！」


僕は亮介君と二人で、華やかに装飾されたトラックの荷台に上がった。

すると亮介君は僕に白い花を渡し、プロポーズを始めた。どうやら僕以外のみんなは、このことを知っていたようだ。

急に緊張した様子の亮介君は、小さな声でこう言った。

「きっと、いろいろと迷惑はかけると思うけど……」

装飾されたトラックを囲む人たちから、

「聞こえないよー！」

「もっと大きな声で言ってー！」

と声が上がった。

亮介君は「緊張する……」と言いながら、さっきよりも少し大きな声で、

「大好きです。ずっと一緒にいたいから、よろしくお願いします」

たくさんの観衆が見守る中、僕は小さなダイヤが埋め込まれたティファニーの婚約指輪を受け取った。

公正証書と、父への告白

二〇一五年九月三十日。僕と亮介君は、カップルから家族になった。僕らは自分たちを夫夫《ふうふ》と呼んでいる。

江戸川区役所に婚姻届を提出した同日、僕らは『パートナーシップ契約公正証書』というものを公証役場で作成した。

公正証書とは、公証役場で公証人が作成する公的な書類のことで、僕たちは貞操義務など、男女が婚姻すると発生する義務や権利を、夫夫間で契約している（詳しくは、「Juerias LGBT

Wedding」で検索してほしい)。

そのときはまだ、渋谷区のパートナーシップ条例が施行される前だったこともあるのだが、僕たちは、多くの公証役場から、パートナーシップ契約公正証書の作成を断られてしまった。

理由としては「男女ではない、同性間の契約は、公序良俗に反する恐れがある」とか、「そんなの聞いたことない」とか、あからさまに嫌な顔をされて、突き返されてしまうのがほとんどだった。心をズタズタにされて帰ってきたことが何度あったことか。

僕と亮介君は、契約を、公正証書にするのを諦め、二人だけの契約書を作成した。

それから数日のうちに、たまたま、いいご縁をいただき、僕らのような人間に寛容な公証人を友人の弁護士さんから紹介して頂けることになり、婚姻届を提出した当日に、無事、公正証書を作ることができた。

そもそも、なぜ公正証書が必要なのかというと、僕らのような同性カップルは、何年一緒に暮らしていようと、どんなに愛し合っていようが、この日本社会では全くの他人なのだ。よく、「愛があればいいじゃないか」とか「男女でも紙キレに縛られない内縁の夫婦もいるしね」とか言われることがあるが、僕はそうは思っていない。

愛があるなら、なおさら、相手のためにも、自分のためにも「婚姻制度」は必要だし、婚姻届が不受理で返って来てしまうこの時代には、やはり公正証書が必要なんじゃないかと僕は思うのだ。

この社会がユートピアのような世界であれば、愛だけあれば最高で、愛が全てなのかもしれない。でもこの社会のシステムは全てがそうできていないじゃないか。

これまで同性カップルの方々が、何十年も連れ添ったパートナーの死に目にも会えず、葬儀にも出席できなかったような例がいくつもある中で、「愛があればいいじゃないか」という言葉はあまりにも無責任なのではないだろうか。

それに男女であれば、いくつかの簡単な項目を満たせば内縁の関係と認められるが、同性カップルにはそれすら認められていないのが現状だ。実際に、亮介君との戸籍上の関係を事実婚の世帯変更届のように「夫（未届）」としてもらえないか相談をしてみたが、婚姻届を提出し、受理される間柄にしかそれは使えないと言われてしまった。

そんなことを挙げるとキリがないし、文句ばかり書きたくないからこの辺にしておくが、婚姻制度は必要だし、それが叶わない現状では公正証書で、パートナーとの契約をしっかり結ぶことはかなり重要なことだ。パートナーシップ制度がない自治体に住んでいるのならなおさらだ。

その公正証書で、僕と亮介君は、お互いの医療やお金に関することも盛り込んでいる。たとえば、僕が事故や病で意思表示ができなくなった時、手術や延命の判断を亮介君に託すといった内容などだ。

これは、さすがに、両親にも話しておかなくてはいけないと思った。なぜなら、もし亮介君の判断で僕が手術を受けて、失敗して死んだりしたら、僕の両親は亮介君を恨んだり、訴えたりすることになるかもしれない。

母にカミングアウトをした時には、「もうその話はしないでくれ」と言われてしまい、以降それを守ってきたが、もうそれも終わりだと思った。

母に電話で事情を説明すると母は言った。

「そこまでキチンと考えているなら、わかった！　お父さんにも私から話すわ。こうなったらこれ以上、お父さんにだけ隠しておく訳にはいかないわね！」

それから数日、僕も気が気ではなかった。お父さんがお母さんに「お前の育て方が悪いからだ！」とか言っちゃって、喧嘩になっているかもしれない。だが、母からかかってきた電話の声は妙に落ち着いていた。

「お父さんに言ったよ。すごく緊張したわ。カミングアウトってこんな気分なのね」

「で、お父さんはなんて言ってた？」

「それがさ、『あいつ、男が好きなのか！　やっぱり変わってるな。ハハハ』って、笑ったの」

「え、嘘でしょ？」

「ほんと。びっくり」

父は歳をとって丸くなったのだろうか。

周りの心配をよそに、父はなんのダメージも受けなかったようだ。息子がゲイであることを、母は受け入れるのに七年以上かかり、父は一瞬で笑い飛ばした。父が母に比べて僕への愛情が少ないわけではないと思う。これは本当に、性格の違いというか、受け入れ方の違いでしかない。

周りのゲイの人を見ていても、自分がゲイだということを幼い頃にすんなり受け入れることのできた人もいれば、拓馬や弘樹のように受け入れるのに苦労する人もいるのだから、親にも同じことが言えるのだと思う。

父が意外にも寛容であったことで、早速僕は亮介君と北海道へ行き、両親に亮介君を紹介した。亮介君は終始緊張していたが、両親は逆に亮介君という真面目そうな青年を見て、安心したようだった。

結婚式はそれから一年後の二〇一六年十月十日の体育の日に「築地本願寺」という由緒ある寺院で執り行われた。

築地本願寺（浄土真宗本願寺派）が、宗派で男性同士の式を認めたのは歴史上初のことだった。ただ、結婚が法律で認められていないことを理由に、表向きは『仏前結婚式』という言葉ではなく『パートナーシップ仏前奉告式』という名目ではあったが、中身は男女の結婚式と変わらなかった。

僕ら夫夫が男同士で、歴史ある由緒正しい大きなお寺で式を挙げることを、快く思わなかった人も多くいるだろうと思う。どんな組織の中にも「保守派」と「革新派」が混在しているのだから、何かを変えることは容易くはないのだ。時間は要したが、築地本願寺で式を挙げられたことを本当に幸せに思う。

どうしてもお寺で式を挙げたかった理由は、僕は長男として生まれ、妹しかいないから。七崎家が僕の代で途絶えることになると思うと、少しだけご先祖様に対して、忍びない気持ちがあったからだ。おじいちゃんおばあちゃんにはカミングアウトをできないまま他界してしまった。だから僕にとって仏前式をすることは、おじいちゃんおばあちゃんやご先祖様にカミングアウトをすることであり、亮介君との結婚を奉告する場ともなったのだ。奉告した後は今までにないほど清々しい気持ちになった。

築地本願寺での挙式は一般の参拝客も近くで挙式を見学することができる。僕は自分たちの式が始まるまで、式中に、誰かに石を投げられたりするのではないかと心配していた。だが実際のところ、石を投げつけられるどころか、一般参拝客や海外からの観光客までもが、僕ら夫夫を祝福してくれたのだった（もちろん僕ら新郎・新夫を見て、目をまん丸くする人も多くいたが、それはそれで面白かった）。

僕らの式に両家の親族が集まってくれたことにも心から感謝をしている。最初は参列を拒んでいた僕の母を、説得して、連れてきてくれたのは妹夫婦だった。僕が思春期のころ、香水をつけただけで、「くせぇ〜」と唄って踊っていた、あのしぃちゃんだ。妹は、兄である僕がゲイであることを、もしかしたら気づいていたのかもしれない。カミングアウトをした際に妹は、「へぇ〜。あのさ、○○君（ゲイだと噂されていた芸能人）に会ったことある？」と、反応はこれだけだった。当時妹は十代後半だった。両親を結婚式に引っ張ってきてくれた妹夫婦には特に感謝しなければならない。

二〇一五年に亮介君と立ち上げた「ＬＧＢＴコミュニティ江戸川」はメンバーも増え、年々、活動の幅を広げている。行政や議会への働きかけや、区民向けのイベントなどを定期的に開催し、二〇一八年にＬＧＢＴコミュニティ江戸川で提出した「江戸川区の区営住宅に『同性パートナー』も入居できるよう求める陳情」は全会派一致で採択された。そして、平成最後の四月一日、「同性パートナーシップ制度（通称）」が江戸川区でも始まった。亮介君と僕はその制度の第一号となり、こんなふうにいつも何かと忙しく生活をしている。

自分がゲイであることを恨み、多くの片想いに苦しんだ僕だったが、信じた道を突き進み、かなり遠回りをしたものの、僕はたくさんの幸せを摑んだ。自分が成功者だと言いたいのではない。僕のような人間でもここまでこれたよ！　今はとても幸せだよ！　と声を大にして言いたいのだ。

僕が初めて会ったゲイのおじさんは、数本の焼き鳥と、経験値を僕にくれたが、僕に希望を与えてはくれなかった。だから僕は、この本を読んでくれた人に、少しでも自信や安心、希望を与えることができるのなら、とても嬉しいと思っている。

自分がいつか幸せになれるなんて、そんなの信じられない！　と言う人もいると思う。

僕自身、自分がゲイに生まれたのは何かの罰で、幸せになってはいけない人間だと心底信じていたし、幸せになる道なんて一つも見出せなかった。だが僕の人生はある人の言葉で救われた。

「ななぴぃのような人が、誰よりも幸せにならなきゃいけないと思う！」
友人であり、ジュエリアスの共同代表でもある、野崎映里の言葉だ。これを言われたとき、僕は「確かにそうじゃん！」と、素直に思ったのだ。この言葉で僕は、図々しく、たくましく、幸せに対して貪欲になれたのだ。

僕は友人に恵まれている。僕は友人たちの言葉に励まされ、支えられたおかげで生きてこられた。友達こそが僕の財産なのだ。そんな友達がいない人もいるだろうから、この本を読んでくれている方に僕から伝えたい。

「あなたが、誰よりも、幸せにならなきゃいけないと思う！」

どんな、どん底にいても、誰も自分を理解してくれなくても、世界中の人間が敵に回ったとしても、自分だけは、自分の味方でいるべきだ。僕がこれまでの人生の中で、一番辛かったことは、誰も理解を示してくれなかったことではない。イジメを受けたことでもない。自分で自分が嫌いだったことが一番辛かった。そして辛いときこそ信じてほしい、いつか幸せになれるんだって。生きててよかったって、思える日が必ず来るんだって。

信じても、信じなくても、どうせ辛くて苦しいのなら、信じたほうがいいに決まってるのだから。

そして、まだまだ貪欲な僕が、今一番望んでいるのが「婚姻の平等」だ。これを望むのは贅沢なことなんかではない。一人の人間として、当たり前のことを望んでいるだけなのだ。

今では、たくさんの法律家や団体、個人らが、ほとんどボランティアで「婚姻の平等」の実現に向けて動いている。LGBTであることを公言する議員も少しずつ増えてきた。だからといって、その人たちに任せておいていい問題ではない。みんなで考えていかなくてはならないと思うのだ。もし、あなたが、婚姻の平等を願う気持ちがあるのなら、どうか力を貸してほしい。できることからでいい。

同性間にも婚姻制度が平等に適用される。そんな日が、近い未来、訪れると信じている。それまで亮介と良輔は、なるべく喧嘩はせずに、仲良く暮らしていたいと思う。

亮介君は、僕にはもったいないくらい、素敵な人だ。ただ、僕はよく彼に怒られてしまう。友人とお酒を飲んでいて、終電を逃したときが一番怒られる。心配してもらえている証拠だとは思うのだが、亮介君は怒ると怖い。あまり怒られすぎると、今度は僕が不機嫌になる。そうして、仲が険悪になると、僕たちは結婚式を挙げた築地本願寺にお参りにいくことにしている。異国の建物のような外観も素晴らしいが、境内に入ると、本堂は黄金色に輝いている。そこへ行くと自分たちの結婚式を思い出すことができ、また新たな気持ちで夫夫生活を送れるのだ。きっとこの先、何百回か、何千回か、喧嘩をするたびにお世話になることだろう。

あとがきにかえて

僕は最近三十一歳になった。この本は、僕の記憶が鮮明なうちに自分の過去を何かに記しておきたいと思い、書き始めた。

書き始めてわかったのだが、こんな僕でも少しずつ成長してきていることに自分でも驚いた。なんだかハチャメチャだった小学校時代は、「男友達を作りなさい」と大人たちに言われ、それがイヤだった記憶が鮮明に思い出せたし、書き進めるうちに、大嫌いだと思っていた、僕を「ぶりっ子してるからオカマだ」とか「このまま大人になったら困るよ?」と言い放った福士先生に会いたい気持ちにもなった。今、福士先生に会うことができたなら、僕はこう言おうと決めている。「おかげさまでこんな素敵な大人になりました!」と。

幼少期のクリスマス、親にはお願いできず、サンタさんにこっそりお願いしていたセーラームーンのおもちゃは、三十歳の誕生日にあさみがくれた。あさみが、子ども時代に遊んでいたもので、電池カバーがついていないが、僕が持っていても同じことになっていただろう。二十四年越しに、友達を介して、サンタからのプレゼントが届いたのだ。信じていれば願いは叶うという証拠として、うちの宝物ケースに飾ってある。

中学生で僕は初恋を経験した。司とは、なかなか会う機会は少ないが、司も今は東京に住んでいる。もちろん司には、昔好きだったことを伝えている。伝えたとき、司は、少し驚いてはいたが、「気づかなくてごめん」と言った。そんな優しい司を好きだった自分が、少し誇らしく思えた。司は北海道大学を卒業し、エリート街道まっしぐらだが、絶賛彼女募集中らしい。

高校から四年間以上も、僕の心をキャッチして放さなかったハセ。こんなに無条件に見返りもなく、たとえどんなに自分が辛くても、関係なしに愛せた人は、きっと僕の人生でハセだけだと思う。しかし、あんなにも好きだったのに、今思うと、ハセのどこがよかったのだろう……と思ってしまう。そんなもんだ。この本を書いていても思ったが、ハセの恋愛感は少し変だ。毎日彼女に電話して「愛してる」だなんて、可愛くて笑えてくる。それなのに、当時の僕は、愛してると言ってもらえている、ハセの彼女のほっちゃんを羨ましく、妬ましく思っていたのだ。もし、タイムマシンができて、昔の自分に会えるとしたら「ハセはやめとけ」と伝えたい。ただし、あの頃の僕は誰の助言も受け入れなかっただろうが。

そんなハセは何年か前にほっちゃんと結婚し、娘が生まれた。そして、今は離婚をするとかしないとか。ハセを好きだった当時は、ハセに心をかき乱されてばかりいた僕だったが、今では、ハセもハセで大変だろうな、と第三者として冷静に見ることができる。四年間の片想いは長いようで短い。僕の寿命が八十歳だとすると、ハセに片想いをしていた時間は僕の人生の五％に過ぎない。それでも思春期の恋は特別で、苦しんだことも、泣いたことも、笑ったことも、きっと一生忘れることのできない、特別な思い出として、僕の中で輝き続けるのだと思う。

きっと、多くの大人たちもこんな恋のひとつやふたつ経験していると思うのだけど、大人はつい、自分が子どもだったことや思春期の若僧《わかぞう》だったことを忘れてしまいがちだ。僕は今回この本を書きながら、当時の自分と一緒になって苦しんでみた。僕はあの当時、本当に苦しかったのだと改めて気づくことができ、いい経験になったと思っている。

今でも北海道に帰省すると、高校の友達と会うことが多い。僕が北海道に帰省することを一番に聞きつけて、みんなに連絡を回して、会う日取りなどをまとめてくれるのは、高校時代に恋のライバルだった愛だ。

愛は、僕と亮介君の結婚式にも北海道から来てくれて、受付係まで引き受けてくれた。

この本を書くことを伝え、愛も登場すると話したとき、愛はこう言った。

「ななぴぃのことだから、どうせ私のことをブスとか書くんでしょ。楽しみにしてるわ」と。

僕がハセを密かに好きだった当時、愛がハセを好きだと言い出したときは確かに「何だこのブス！　ぜってぇ負けない」と思ったのも事実だが、愛はブスではない。今では心から大切に思える親友の一人だ。「昨日の敵は今日の友」だと言うけれど、本当にありえることなのだ。

いつも赤点で追試仲間だった翔も、僕が帰省したときにいつも会うメンバーの一人だ。彼が僕のセクシュアリティを受け入れてくれたから、今の僕がある。そのことは第４章の「カミングアウトしてはいけない人⁉」で書いたが、本当に感謝している。

北海道に帰省して、高校時代の友達に会うときは毎回、少し緊張してしまう自分がいる。いつも悩まない僕が、着ていく服すら悩むのだ。あまりいい服（そんなの数少ないが）を着ていって、東京に染まった嫌な奴だと思われたくない。それに久しぶりに会って何を話せばいいかもわからない。だから毎回すごく身構えてしまうのだが、翔や、愛や、高校時代の友達の顔を見た瞬間、そんなこと一瞬で吹き飛んでいってしまう。気がつけばノドチンコ丸出しで大笑いしていて、やっぱり地元の友達っていいもんだと思うのだ。

高校三年間、一緒に通学していたアズとは、卒業以来あまり会えていない。北海道の真ん中の方に住んでいるらしく、僕が地元札幌に帰ってもなかなか会える距離ではないのだ。この前久しぶりに電話で話したとき、「雪山に埋もれたこと覚えてる？」と聞いたら、アズは大爆笑しながら「覚えてるよ」と言った。アズもたまに高校時代を思い出して「あの頃は楽しかったなあ」と思い出に浸ることがあるらしい。今アズは、娘を溺愛する母となり、子育てをしながら、仕事もして、学校へ通って看護の勉強をしているらしい。相変わらずパワフルな人生を送っているようだ。

北海道から上京し、一年だけ暮らした男子寮で、僕が身体の関係をもってしまった男の子たちは、今どこで何をしているのかはわからない。というより、名前すらちゃんと思い出せない。ここで言っておきたいのは、ゲイはすぐ誰とでもヤるんでしょ、と思わないでほしい、ということ。確かに若かりし頃の僕は、ずっと欲望を抑え込んでいたからか、ずいぶんと暴れん坊ではあったのだけど、それはゲイの人がみんなそうという訳じゃない。性欲の強さはセクシュアリティに関係なく、個人差でしかないし、性欲が強くても僕のようにはならない人もいる。若いときの僕の過ちをどうか責めないでほしい。責めてもいいけど、僕は呪術がつかえるのをお忘れなく！

男の人との初体験は当時の僕にとってすごく衝撃的だった。ビデオも撮影されてしまった。僕は過去のことをあまり気にしないタイプの人間だから、初体験がどんな相手だったとしてもあまり後悔はしてないのだが、もし、ちゃんと好きな人と初めての体験をしていれば、人生変わっていたのではないかと思うことはある。

それに、僕のヴァージンを奪ったおじさんがそうかはわからないが、若いゲイ（まだ何も知らず、ゲイの世界に一歩踏み入れたばかりの子）ばかりを狙うおっさん連中が、世の中にはいることを、若いゲイの子たちには伝えておきたい。老婆心というか、完全なお節介だと思うが、自分を安く見積もらない方がいい。

でも、こんなことは今だから言えるわけで、あの時の、あのおじさんの誘いを、僕は、絶対に断れなかった自信がある。断れなかった理由はおじさんが怖いとか、かわいそうだからとかじゃなく、その先を知ってみたい、好奇心が強かったからだ。

自分ができなかったことを、若い子に押し付けるのはよくないので、さっきの僕のお節介な助言は忘れてくれていい。ただ、僕のほんの小さな失敗を少しでも参考にしてもらえれば嬉しい。賢者は歴史から学び、愚者は経験からしか学べない。僕の経験を活かしてほしい。

そしてもし、僕のはじめての相手のおじさんがこの本を読んでいたら、どうかあの動画は消してください。決して、安いサイトに流したりしないでください。過去の僕の動画が流出したとしても、僕は絶対に「これは僕じゃない！」と言い張りますけど。

東京で初めて好きになった達ちゃんは、僕と亮介君の結婚式の二次会に出席してくれた。達ちゃんは、それまで好きだった司やハセとは一味違った。一番の違いは、司もハセも、僕を完全に男友達として扱っていたのに対し、達ちゃんは僕と手を繋いだり、僕に甘えてきたりしたことだ。それが、当時達ちゃんを好きな僕にとって、思わせぶりな行動だったのだと思う。もちろん本人は思わせぶりをしようと思っているのではなく、ただ誰にでもそういう言動をする男なのだが、当時の僕には許せなかったのだと思う。達ちゃんからしてみれば、僕に好かれているなんて思ってもみなかっただろうし、ゆりと付き合った途端に、僕から無視をされたり、攻撃的なことを言われたりして、ナニがナンだかわからなかったのではないかと思う。それから一年も経たずして、僕は達ちゃんに、達ちゃんが好きだったこと、達ちゃんがゆりと付き合って腹が立ったことを話すと、達ちゃんは「ゆりと付き合わなきゃよかったな〜、付き合ってもいいことなかったし」と言った。その言葉にまたイラッとしたのを覚えている。今ではあまり連絡を取らないが、たまにＬＩＮＥのアイコンを変えているのをみると、達ちゃんは元気そうだ。

僕がその場の勢いで、初めてカミングアウトをすることになったあさみ。この本を書いていても、初めてカミングアウトをした相手が、あさみで本当によかったと思った。

あの時、あさみが言ってくれた「辛かったね」の一言が、固く閉ざしていた僕の心の扉の鍵となった。開かれた心の中からは、僕自身も気づけなかったほどの辛かったこと、悔しかったこと、悲しかったことがあふれ出て、涙と一緒に流れていったのだと思う。

その時の状況をあさみは今、こう語る。

「驚いたよ。もちろんななぴぃがゲイってことにも驚いたけど、それよりも、彼氏に振られたばかりの私に、ななぴぃが言った言葉に、私は驚いたね。『あさみなんか全然かわいそうじゃないね！　努力が足りない！　あさみなんかより、僕の方がよっぽど大変なんだから！　あさみは贅沢なんだよ！　ただ女ってだけで。弱音を吐いていいのは、努力をしてきた人間だけ。だからあさみは弱音を吐いてる時間なんてないの！』って、すごい勢いで私、ななぴぃに責められてたよ、あの時。それに驚いてたよ、私」

確かにあさみの言うとおりだったと思う。当時の僕からしてみれば、少しの期間でも彼氏がいたあさみは贅沢だと思っていたのだから。彼氏に振られたあさみを励まそうと飲みに誘って、ぽろっとカミングアウトをしちゃって、その勢いで、あさみは努力が足りないから弱音を吐くな！　と説教をする自分の人間性を疑ってしまうような出来事だ。

母にカミングアウトをするのは僕にとって、かなりの勇気が必要だった。カミングアウトは失敗したとしばらくは思っていたが、今となっては、あの時伝えておいてよかったと思っている。僕にカミングアウトをされてから七年もの間、母はずっと思いつめていたようだ。後になってから聞かされたのだが、母の職場の飲み会で、ある従業員が「この芸能人ってゲイなんだって！」と言ったときに、周りの反応も「えぇーそんなのやだー」というようなことがあり、母は胸を痛めたようだ。その話を母から聞いたとき、僕は母にこう言った。

「お母さんが、僕のことを誰にも相談してないからだよ。みんな悪気があって言っている訳じゃないでしょ。そんな話になった時に、言えばよかったんだよ。息子がゲイだって。そしたらみんな黙るんじゃないの？」

なんだか、母を責めてしまった気がした。僕はただ、母に傷ついてほしくないし、一人で抱え込まないでほしかったのだ。亮介君とパートナーシップ契約公正証書を作成すると話した時に、母は、諦めがついたのだと思う。そして、亮介君と直接会った時、母は息子がゲイであることを認め、それと同時に安心したのだと思う。

今では亮介君のことも家族の一員として見てくれているし、仲のいい家族だ。二〇一七年六月、札幌でパートナーシップ制度ができたときは、母から喜びの電話がかかってきた。

「札幌で、あんたたちみたいな人のための制度ができたよ！　少しずつ、世の中も認めてくれてきてるじゃない！　だから頑張りなさいよ。亮介君を大切にしてね！」

この電話をもらった時、僕は驚いてしまった。さんざん、「認めたくない」「知りたくない」と言っていた母が、札幌にパートナーシップ制度ができて喜んでいるのだ。人は何歳になっても変わることができる。パートナーシップ制度は、ＬＧＢＴの当事者だけでなく、周囲の人も幸せにするのだ。そしてこのとき僕は、やっぱり母の子で生まれてきてよかったと確信したのだった。

この本で、最初に登場した彼氏である拓馬は僕の初めての彼氏ではない。だが拓馬のことは、少し遅い青春時代を共に闘った、戦友のように思っている。拓馬は僕に「ノンケになりたい」と言って去って行ったのだが、拓馬には今、少し年下のかわいい彼氏がいるようだ。拓馬と別れてから何年も会っていなかった僕たちだが、一昨年たまたま会う機会があり、その時に拓馬が、僕たちの交換ノートを持ってきてくれたのだ。今は亮介君の許可を得て、僕が拓馬との交換ノートを保管している。そのノートが、今回、この本を書くのにはとても役にたった。互いのソレに名前を付け合っていたことも、その交換ノートで思い出したのだ。色々あったけど、今の拓馬が幸せそうで、何よりだと思っている。

拓馬を引きずっていた僕だったが、雄太との燃えるような熱いキスで目を覚ますことになる。雄太と僕は、お付き合いすることもなく関係が終わったが、今振り返ると僕の目を覚ましてくれるためだけの男だったのではないかと思っている。この時期に、雄太との出会いを与えてくれたのが、神だか仏だかはわからないが、感謝したい。

そして、雄太と身長が同じというだけで付き合った涼太。本当にごめんなさい。

涼太の同居人で、弘樹の元彼だった孝一は、亮介君との結婚式で余興のダンスをしてくれた。いまでも大切な友達だ。あんなことがあったのに、友達でいてくれていることに感謝しなくてはならない。

弘樹は今でもたまに連絡がくる。一緒に住んでいた頃の後半の記憶があまりないようだ。今でも睡眠導入薬を飲んで寝ているようだが、元気いっぱいに仕事にも行っているようだ。当時の事を弘樹は「良輔に迷惑ばっかりかけてしまった」と繰り返し言うのだが、それはお互い様だったはずだ。謝るよりも、次にいい人を早く見つけてほしいと、お節介にも願っているのだが、本人にはその気はないようだ。

僕が中学当時付き合っていた彼女さくら、改め、ケンジから、動画が届いた。無事にオペが終わったらしい。会社が受け入れてくれたのか、仕事がどうなったのか、そんなことはわざわざ聞かないが、本来の身体を手に入れることができた彼は、とても輝いている。そんな彼を誇りに思う。

僕の夫となった亮介君との出会いは、特別だった。ただ、亮介君とのことを書き始めると、それだけで一冊書けるくらいなので、この本が多くの人に読まれたら、改めて執筆していきたいと思う。

今まで生きてきた人生の中で、僕は出会う人に本当に恵まれてきたと思う。家族、友達、元恋人たち、亮介君、みんなに感謝をしなければならないと思っている。ありがとうございます。これからもよろしくね！

それから、この本には性的なことも含め、直接的な表現が多い。それに対して、

「ゲイの人は彼氏をとっかえひっかえで節操がない」

「不健全だ」

「同じゲイとして恥ずかしくなる」

いろんな声が聞こえてきそうだ。

それは、これまでの僕の男性遍歴をあまり隠さずに書いたからだろう。名前は一部仮名にしてはいるが、あまり隠したくなかったのには理由がある。

僕自身がゲイだと気づいたとき、僕には自分の未来が全く見えなかった。それは、生きてゆくための道しるべが、少なすぎたからだ。どう生きて、どういう大人になるべきか、わからなかった。「このまま大人になったら大変だ」そう思いながら生きていくのは辛いことだった。同じゲイの人でも、生き方はみんな違う。顔も違う。性格も違う。百人いれば、百通りの生き方がある。実際には何百万人ものゲイの人が同じ国に生活をしていて、何百万通りの生き方がある。その中の、ほんの一つの物語である僕が生きた歴史を、体裁よく、きれいごとにしたくなかった。

ゲイであることに気づいた当時の僕は、「ありのままでいい」とか、きれいな言葉が並んだ本を読んだとしても、あまり心を開けなかったと思う。それは僕がひねくれていたからかもしれないが、きれいな慰めの言葉よりも、泥臭くても真実の言葉を求めたと思うからだ。

僕がこの本を本当に贈りたいのは、過去の自分なのだと思う。

当時の僕がこの本を手にしていたら、行きつくゴールは一緒でも、きっと違う人生を歩んでいたことと思う。

この本の内容は一部、「文春オンライン」というウェブメディアで連載され、過大な評価をいただき、本の出版へとつながった。文春オンラインの連載中には、たくさんの読者の声が寄せられた。

ＭｔＦ（出生時に割り当てられた戸籍上の性が男性で、性自認が女性）のお子さんを持つあるお母さんが、僕の連載記事をスマホで読んでいたそうだ。お子さんは通称名（女の子の名前）を使い、女の子の服装で学校へ通っている小学三年生だ。

その子がポケモンのゲームをするためにお母さんのスマホを開いたときに目に写ったのが、僕の連載記事だった。その子はお母さんにスマホを渡し「私も同じように『オカマ』と呼ばれていじめられてる……」とボソッと話した。

お母さんはすぐさま担任の先生に会いに行ったが、担任の先生曰く「身体が男で心が女、そんなことを子どもたちには理解できない」と言われたのだそうだ。

お母さんは、僕の連載記事のおかげでいじめが発覚したと感謝してくださったが、僕は少しがっかりしてしまった。僕が「オカマ」と呼ばれ、いじめを受けていたのは二十年も前の話だ。まだ同じように傷つく子どもがいるなんて悲しい。それに「子どもたちには理解できない」と言った担任の先生にもがっかりした。生物学や医学的な話を小学三年生にしろと言っているのではない。「いろんな人がいて、それが素晴らしい」ということぐらい、小学三年生には十分理解できるはずだ。

その子はお母さんに「私が死んだら、お母さんも死んじゃう？」とか「私が死んだらピンクのお花をいれてほしい」と話をしているそうだ。本人が辛いのはもちろんだが、自分の子にそんな話をされる親の気持ちを想像すると心が苦しくなる。

でもこのお母さんは強かった。「オカマとか、そんないじめは、私たちの代でもう終わりにさせよう。できることをしていこう」と僕に言ってくれた。自分の子どものことだけを考えるのではなく、その先の社会のことも一緒に考えてくれているのだ。すごく頼もしいお母さんだ。

子どもの世界は、大人の世界の鏡だ。ということは、多くの大人が性の多様性について正しく理解していくことが、なにより重要なのだと思う。

最後に、僕の夫である亮介君に改めて感謝したい。いつも支えてくれてありがとう。これからもよろしくお願いします。

そしてこの本を世に出すにあたり、文藝春秋の瀬尾泰信さんをはじめとするチームのみなさまには、多大なるご協力をいただきました。僕の気持ちを十分に理解したうえで、きわどくて生々しい表現に頭を抱える大人たち。そんな大切な仲間に出会えたことを、僕は幸せに思っている。楽しかった！　ありがとうございました！

二〇一九年四月

七崎　良輔

本書は、文春オンラインで二〇一九年二月十四日から連載された
テキストに、書き下ろしを加えたものです。

七崎良輔（ななさき・りょうすけ）

1987年、北海道生まれ。高校卒業後、上京。

2015年、パートナーシップ契約公正証書を結んだ夫と共に「LGBTコミュニティ江戸川」を立ち上げる。

2015年9月、夫とともに区役所に婚姻届を提出（不受理）。

2016年4月、LGBTのためのウエディングプランニング会社「合同会社 Juerias LGBT Wedding」を設立。

すべての人が幸せになれる結婚式を提供する目標を掲げ活動を開始する。

2016年10月、築地本願寺で宗派公認、史上初の同性結婚式を挙げ話題に。

2019年4月、積極的な働きかけが実り、東京・江戸川区に「同性パートナーシップ証明制度」が導入され、その第1号となる。

僕《ぼく》が夫《おっと》に出会《であ》うまで

2019年5月25日　第1刷発行

著　者　七崎良輔《ななさきりょうすけ》
発行者　鳥山　靖
発行所　株式会社　文藝春秋
〒102-8008 東京都千代田区紀尾井町3-23
電　話　03-3265-1211
印　刷　萩原印刷
製　本　萩原印刷

ISBN978-4-16-391031-4　Printed in Japan